PETIT RECUEIL DE LÂCHER-PRISE ENTRE SOI ET SOI-MÊME

MARC LESTAL

PETIT RECUEIL DE LÂCHER-PRISE ENTRE SOI ET SOI-MÊME

ÉDITIONS LANORE
François-Xavier Sorlot, éditeur
6, rue de Vaugirard | 75006 Paris

Du même auteur

* Éloge de la marche tranquille, 2017
* Mindfulness, méditation de pleine conscience, 2017
* Petit receuil de lâchez-prise, 2017
* Trouver sa raison d'être, 2019
* 20 activités pour rendre votre quotidien plus zen, 2022

Edition originale 2017

ISBN 9782382731680
fernand-lanore.com
contact@editionslanore.com

Aussi beau soit notre idéal,
il ne vaut pas la peine d'être rêvé
si en l'instant il n'est pas vécu.

INTRODUCTION

Les chemins qui mènent au bien-être sont multiples et la quête sera différente pour chacun de nous. Pour les uns, ce sera la gloire, la satisfaction matérielle, le pouvoir ou l'image qu'ils renvoient. Pour les autres, ce sera l'amour, la famille, le travail, la créativité, la consommation de loisirs. Quant aux plus endurants, ils iront chercher un mieux-être en pénétrant plus profondément dans leur vie, en suivant une psychanalyse, en recevant la méditation, en vivant leur religion ou en suivant divers enseignements spirituels. Le plus souvent, cette quête de bien-être sera tout cela, plus ou moins combiné. Aucune approche n'est à rejeter et chacune d'elles peut apporter quelque chose. Tout le monde peut plus ou moins trouver chaussure à son pied pour avancer à son rythme vers l'éveil de sa personnalité et de son être.

Il faut cependant reconnaître que dans cette course au bien-être, l'essentiel ne réside pas toujours dans le fait de tout avoir, de tout savoir, ou d'être le meilleur dans un ou plusieurs domaines.

C'est une bonne chose, mais qui ne nous aidera pas à tenir le cap quand les choses n'iront pas comme nous le voudrons et que nous devrons courber l'échine. Ainsi, le bonheur consiste davantage en la capacité à être et à recevoir, qu'à avoir et à obtenir coûte que coûte ce que l'on désire. On l'approche au plus près lorsque l'on commence à se rendre compte de ce que l'on a déjà et de la richesse qui nous est donnée en l'instant, quelles que soient nos conditions de vie, car aucune existence n'est un long fleuve tranquille. Cela nécessite de trouver un accord parfait entre notre être mental et notre aspiration intérieure, non en répondant à nos désirs ou nos pulsions irrationnelles qui obéissent aux innombrables conditionnements imposés par notre passé et notre vie en société, mais en identifiant et en suivant ce désir profond qui est enraciné en chacun de nous. Au-delà des ordres que nous intime notre mental, cette pensée racine sait exactement ce qui est bon pour nous et il s'agit plus de libérer les énergies que de les contraindre.

Dans ce livre, il ne sera pas question d'apprendre la méditation, la pensée positive ou toute autre technique permettant d'accéder à un mieux-être. Ce genre d'approche bénéficie déjà d'une large bibliographie et il ne m'a pas paru utile de m'y attarder. Il y sera plutôt question de fond, en approchant la vie dans ses recoins les plus subtils. Car le bonheur est avant tout un état d'esprit, une compréhension profonde de certains messages essentiels. Nous y verrons les notions de déconditionnement, de croyances, de présent, d'acceptation, d'abandon ou d'accueil, tout ce que chacun doit intégrer s'il veut atteindre un jour une certaine forme de tranquillité et une équanimité dans ses émotions.

La deuxième partie de cet ouvrage s'attardera sur des vertus que l'on n'a pas l'habitude de mettre en valeur dans notre société. Parmi elles : la disponibilité, le vide, le silence, le lâcher-prise, l'abandon, autant de notions qui ne trouvent plus leur place dans nos vies débordantes d'activités et remplies d'obligations. Ce livre s'attachera également aux notions de savoir et d'être, car savoir et ne pas être n'est pas savoir, et trop en savoir c'est également être obligé un jour de désapprendre.

C'est dans l'être et la conscience de soi dans le présent que tout redevient perfection, que notre savoir, et notre expérience peuvent prendre forme, en privilégiant ce qui est et non ce qui devrait être. Quant à nos maux et nos émotions, quels qu'ils soient, ils doivent être vécus et accueillis pleinement par tout notre être. C'est l'étape nécessaire à notre dépouillement, et, par là même, à notre croissance.

Je vous souhaite une bonne lecture.

8 ATTITUDES LIBÉRATRICES

DÉPROGRAMMER

Avant de songer au moindre renouveau sur le plan intellectuel et émotionnel, nous nous devons de démanteler les anciennes structures. On ne construit pas une maison solide et accueillante sur de mauvaises fondations.

Tout le monde est conscient des nombreux emprisonnements dans lesquels nous confine notre subconscient. Hélas, en être conscient n'est pas suffisant et nous n'avons que peu de pouvoir sur l'inconscient et les décisions qu'il prend trop souvent à notre insu. Car notre subconscient fonctionne en pilote automatique et se nourrit chaque jour de notre vécu. Sur un plan purement physiologique, notre cerveau crée chaque seconde un nombre incalculable de connexions nerveuses. En informatique, on appelle cela de la programmation, mais sur le plan de l'humain, on peut parler de réactions conditionnées, voire d'actes compulsifs.

Notre subconscient est un énorme réceptacle qui recueille tout sans faire de tri. Pour lui, rien n'est bon ou mauvais, il prend tout et nous restitue chaque élément dans sa forme la plus basique et sous la forme d'automatismes dont nous n'avons que peu conscience. À cela viennent s'ajouter des mécanismes de défense et une multitude de petits « arrangements » qui nous permettent de supporter les différents traumatismes que nous subissons. Fort heureusement, il en va de même pour le vécu des évènements heureux, qui à leur manière, eux aussi, vont nous influencer de façon positive et nous permettre d'évoluer dans le bon sens.

Chacune de nos pensées est conditionnée par celle d'avant et par le schéma qu'ensemble elles ont engendré. Nous sommes donc le produit de notre éducation et des différentes relations et faits qui ont conditionné notre perception des choses. C'est une réalité, et même si cela nous révolte, il est inutile de s'insurger contre nos éducateurs pour excuser notre incapacité à être heureux et libres.

LES CROYANCES

Le monde n'est pas toujours comme nous le voyons, mais souvent tel que nous le croyons.

En termes d'évènements, une vérité est un fait scientifique qui peut être démontré autant de fois que l'on veut sans la moindre marge d'erreur. Une croyance est un fait que nous tenons pour vrai parce qu'il a été démontré un nombre suffisant de fois pour que nous et seulement nous, en fassions une vérité.

Un fait peut donc être perçu de deux manières, soit en ayant la certitude qu'il est avéré par de multiples antécédents jamais contredits, soit en le pensant comme vrai après avoir déduit par nous-mêmes et par l'approbation de quelques tiers, qu'il est authentique. Dans ce dernier cas, il s'agit d'une croyance.

Une croyance est un mode de fonctionnement qui agit sur notre manière de penser, d'agir et de réagir. En somme, c'est le crédit que l'on peut accorder à un fait sans que cela soit pour autant une certitude. Ainsi, nous bâtissons une réalité à partir de faits non avérés.

Dire que « Le monde est cruel » est certes vérifiable, mais non démontrable à cent pour cent ; c'est donc une croyance. Affirmer que les hommes sont plus musclés que les femmes est vrai en général, mais pas en particulier. Bien des athlètes féminines ont plus de muscles que certains hommes.

Pour la femme, décréter que l'homme est machiste, c'est tout à fait vrai dans plusieurs cas, mais c'est aussi oublier les quelques autres millions d'hommes qui ne le sont pas, et commencer déjà à mettre en péril sa future relation avec la gent masculine. Dire que l'on ne va pas trouver de travail en période de crise, c'est faire une impasse sur les millions d'offres d'emploi et les perspectives de création d'entreprises qui courent sur le marché du travail.

Cela va aussi dans l'autre sens. Croire que l'on est le plus beau de la classe parce que quelques filles nous l'ont assuré, c'est oublier celles pour qui nous sommes quelconques. Nous devons donc reconnaître qu'un grand nombre de croyances conditionne notre vie, en rapport avec l'image que l'on a de soi, des autres, de l'avenir.

Chacun est libre de croire en ce qu'il veut, cependant, il est des convictions que l'on se crée et qui sont incompatibles avec notre épanouissement. Les multiples jugements que les autres ont portés sur nous par le passé, les échecs, et autres déconvenues ont engendré des convictions qui pour la plupart ne reposent sur rien de tangible. Nous en revenons encore à notre subconscient qui reçoit en flot permanent et sans tri préalable des informations douteuses en flots permanents. Bien entendu, il faut savoir tenir compte de certaines tendances dans notre jugement, mais garder aussi à l'esprit que nous avons la fâcheuse habitude de faire de quelques cas, une généralité.

Montaigne disait :

« Il se trouve autant de différence de nous à nous-mêmes que de nous à autrui. »

Cette maxime nous incite à calculer l'espace entre nous et l'autre, entre nous et nous-mêmes. Elle permet de nous rendre compte de la distance entre ce que nous sommes réellement et ce que nous voudrions devenir, entre ce que nous aimons et ce qui nous déplaît, entre notre rêve et notre réalité, entre nos croyances et les faits avérés. Cet espace révèle la distorsion qu'il y a entre la réalité telle qu'elle s'offre à nous, et celle que l'on veut bien retenir.

Il suffit d'explorer l'intervalle qui accueille nos jugements, nos affects et nos contradictions, et sans peur ni appréhension, nous rapprocher au plus près de ce qui nous sépare de notre être et de notre demande intérieure. Cette distance nous semble à la fois lointaine et proche, mais il nous suffit de savoir l'observer avec un recul suffisant pour la raccourcir et nous rapprocher de notre être véritable.

Baruch Spinoza quant à lui, disait : *« Être libre c'est savoir ce qui nous détermine. »*

Et qu'est-ce qui nous détermine ? Est-ce ce passé douloureux que l'on traîne comme un boulet, ou ce que l'on décide d'en faire ici et maintenant ? C'est dans cette dernière réponse que se trouve la solution : recevoir les choses telles qu'elles sont, en prenant conscience de nos interprétations.

ÊTRE ATTENTIF ET VIGILANT À L'ÉGARD DE SON MONOLOGUE INTÉRIEUR

Sachons vivre et décider en conscience, et non laisser notre affect répondre sans que nous ayons instauré au préalable un sage recul. Cela ne veut pas dire qu'il faille abandonner toute spontanéité, mais simplement apprendre à être vigilant. Être attentif signifie écouter chacun de nos discours intérieurs et les réactions qui en découlent. Nous devons apprendre à entendre cette petite voix, même si elle nous rabâche sans cesse le même discours.

Il incombe à chacun de découvrir et de prendre conscience de son monologue intérieur. Pour les uns, ce sera un sentiment d'injustice ou de culpabilité, « ai-je mérité cela ? », pour d'autres un manque de confiance, « c'est au-delà de capacités ! » Pour certains, cela relèvera du fatalisme, « à quoi bon m'acharner ! ». Croire fermement que nous ne pouvons pas réussir sous prétexte d'échecs répétés ou que la malchance nous poursuit sont autant de croyances qui ne trouvent leur fondement que dans un scénario que nous avons proprement établi. Ces certitudes sont tellement bien installées dans notre raisonnement mental que nous n'y prêtons même plus attention. Elles viennent et reviennent dans un défilé incessant, et, pris par le flot de nos pensées, nous ne parvenons pas à nous arrêter, ne serait-ce qu'un instant, pour les contester.

Prendre conscience de ses croyances nécessite une grande vigilance, mais une fois débusquées, ces dernières perdent de leur intérêt. Cette écoute attentive en révélera une multitude, dont certaines que nous ignorions parfaitement. Cependant, être conscient de notre monologue intérieur n'est pas chose aisée. Il est très difficile d'être attentif aux mécanismes que nous avons mis en place depuis un grand nombre d'années. Leur raison d'être paraît si naturelle que l'on n'y prête même plus attention. Et pourtant, si nous nous plions de temps en temps à ce petit exercice, nous serons très surpris, à moins de n'avoir pas bien écouté ou de n'avoir pas encore pris conscience. Il est recommandé de mettre sur écoute notre discours intérieur. Entreprendre cet exercice, c'est avant tout accepter de faire une pause dans notre quotidien, de laisser en suspens toutes affaires courantes et de tendre l'oreille. Là est le premier précepte que chacun doit connaître pour cheminer vers le bien-être. La quête du bonheur est une attention de tous les instants qui nécessite de savoir s'arrêter de temps en temps, pour accueillir simplement notre discours intérieur, l'interpréter et en tirer toutes les conséquences.

Ce travail consiste à se mettre à l'affût de toutes les répliques formulées face à un évènement contrariant notre vie. Quand le problème rencontré est conséquent, il est plus facile de s'y attarder et d'étudier notre attitude à son égard. Cela devient plus compliqué quand il s'agit des petites contrariétés de tous les jours, de tout ce qui, dans une journée, peut engendrer mauvaise humeur et ressentiment.

Lorsqu'un élément perturbateur survient, comment l'abordons-nous, ou plutôt, comment le commentons-nous dans notre discours intérieur ? Nos pensées sont-elles accusatrices, auto-accusatrices ? Révèlent-elles un schéma négatif, un scénario répétitif ? Il suffit simplement d'en prendre conscience sans aller plus loin dans le discernement et sans entrer dans une analyse psychologique approfondie. Un simple constat suffit, mais pour qu'il porte ses fruits, il doit être répété à maintes reprises pour chacun de nos jugements intérieurs.

Lorsque ces pensées surviennent, il ne faut surtout pas les laisser s'éterniser. Une fois reconnues et identifiées comme telles, l'on doit alors les laisser filer et passer à autre chose. Laisser se fixer une pensée négative, c'est lui donner corps et la laisser gouverner à notre place. Les moines zen attachent une grande importance à ce genre de fixation. Ils en appellent à une certaine souplesse, et à laisser les choses suivre leur cours. Toute pensée qui se fixe est une entrave au cours de la vie qui se veut fluide et impermanente. Cela ne signifie pas qu'il faille tout nier et ne se concentrer sur rien, mais simplement qu'il convient d'en prendre acte en accordant la juste importance aux pensées qui nous animent. On peut même suggérer qu'il en va de même pour les pensées dites positives. Si l'on en croit ce précepte, toute pensée, quelle qu'elle soit, ne doit jamais se fixer trop longtemps dans notre esprit. Rien ne doit être figé, tout doit passer comme un flux ininterrompu, la joie comme la tristesse, c'est le jeu de la vie. Le but, c'est d'avancer et de se laisser porter par le courant.

RELATIVISER

Face à une situation difficile que nous nous refusons à dramatiser, nous avons pour habitude de relativiser en prenant pour exemple plus démuni que soi. Évoquer la pauvreté des uns ou la triste condition des autres aide sans doute à se rassurer, voire à se contenter de ce que l'on a, cependant, il est bien plus positif de le faire quand on a pris conscience que ce qui nous arrive n'est pas si grave, ce qui est souvent le cas. Il s'agit alors de reconnaître que c'est notre interprétation des choses, souvent amplifiée, qui nous amène à des situations de stress importantes. Notre mental à bien souvent une nette tendance à l'exagération.

Comprendre que nous sommes les créateurs de notre propre réalité permet de prendre nos responsabilités et de ne pas perdre de temps à chercher des boucs émissaires. Sur mille situations désagréables vécues, combien méritent le poids et l'importance qu'on leur accorde ? Inutile de rajouter de la souffrance à la douleur première. À chaque jour suffit sa peine, disait Jésus. L'échec fait partie de l'apprentissage et comme l'affirmait Thomas Edison dans son obstination à mettre au point l'ampoule à incandescence : « *Je n'ai pas échoué. J'ai simplement trouvé dix mille solutions qui ne fonctionnent pas.* »

Deux pas en avant, un pas en arrière, c'est comme cela qu'on progresse !

APPRENDRE À DÉSAPPRENDRE

Dans nos vies, apprendre est plus facile que désapprendre. Nous vivons dans une société où l'on se doit d'emmagasiner des connaissances. Remplir notre cerveau est une nécessité impérieuse pour répondre aux exigences de notre vie sociale. Le savoir et la culture générale sont bien entendu indispensables à l'ouverture de l'esprit et à une meilleure compréhension de notre environnement, mais nous avons intégré la fâcheuse habitude de nous gorger de savoir sans avoir appris à faire le tri.

On nous enseigne dès notre plus jeune âge une foule de choses. Parents, professeurs, amis, experts et illustres inconnus s'en sont donné à cœur joie pour enrichir notre banque de données intérieure. Riches de notre savoir, nous continuons encore d'apprendre. Ce qui est bien, mais le problème, c'est que nous ne revenons que rarement en arrière pour faire le point sur nos connaissances et nos convictions. Or, certaines d'entre elles ont été acquises dès la prime enfance et n'ont jamais été remises en question. Nombre d'entre elles sont avérées, mais certaines n'ont plus lieu d'être et entravent notre évolution. Nous ne prenons pas suffisamment conscience que ce savoir nous enferme aussi dans des conditionnements et que trop de connaissances incontrôlées tuent la vraie Connaissance.

Faire et défaire suppose un vrai recul critique et cela nécessite de savoir remettre en question nos certitudes, nos notions figées, afin d'aller de l'avant, vers de nouveaux horizons.

Comme disait Socrate : « *Tout ce que je sais, c'est que je ne sais rien, tandis que les autres croient savoir ce qu'ils ne savent pas.* »

Il n'y a pas de mode d'emploi pour apprendre à désapprendre. Il s'agit simplement de faire preuve de recul, de questionnement et d'esprit critique sur la pertinence de ce que l'on a appris, en revenant parfois sur nos acquis et pour les remettre au goût du jour.

DE L'INNÉ ET DE L'ACQUIS

Qu'en est-il de l'inné dans le monde du vivant ?

Observons un animal. Nous remarquons que très tôt il se voit muni de tout un savoir-faire et cela dès sa naissance, car dans la nature, il y a urgence à être opérationnel.

Un poulain trotte quelques heures à peine après sa naissance. Dans de rares cas et, par exemple, dans les conditions de survie extrêmes du Grand Nord, une femelle manchot s'occupera de son petit durant quatre mois avant de le laisser affronter l'existence. À présent, qu'en est-il de l'homme ? Observons un bébé à sa naissance. Quels sont ses besoins premiers ? Se nourrir et bénéficier d'un environnement sécurisé. Quels sont ses acquis si ce n'est sa constitution physique pour satisfaire ses besoins ? À vrai dire, ils ne sont pas bien nombreux. Sur le plan psychologique, un nouveau-né représente un terrain presque vierge. Seules quelques influences subies durant sa vie intra-utérine avec sa maman et son entourage, voire peut-être un conditionnement génétique, ont laissé quelques empreintes.

Cela mis à part, la psyché, l'intellect, la conscience de ce bébé forment un ensemble vide que le quotidien va remplir au fur et à mesure de sa confrontation avec l'extérieur. On se rend alors compte que l'inné tient peu de place dans nos vies qui dépendront de notre éducation, des gens que nous croiserons et qui nous influenceront.

Dès notre naissance, nous apprenons de nos parents, de nos aînés et de toute personne qui aura une influence sur nous. Ces informations forgeront notre tempérament, notre sensibilité et conditionneront tout notre être. Durant notre enfance, nous prendrons pour acquis tout ce que nous entendrons et ressentirons pour créer des scénarios qui permettront de vivre dans un certain équilibre psychique.

Plus tard, nous jugerons les situations à la lumière de notre bon sens et de notre raisonnement intellectuel. Nous constaterons leur crédibilité, et, si tout se passe bien, nous ferons malheureusement le tri. Le problème c'est que déjà, de nombreux schémas se sont inscrits en nous et cela de façon très profonde, et c'est là que se trouve la source de tous nos problèmes.

Nous ne pouvons échapper à notre éducation, à la porosité de notre esprit d'enfant, à l'ignorance de certains de nos tuteurs. En revanche, arrivés à l'âge adulte et en faisant preuve d'une certaine lucidité, nous pouvons procéder à un retour sur image et nous rendre compte des multiples conditionnements dont nous faisons l'objet.

Après l'apprentissage, l'heure est alors au « désapprentissage ». À la lumière de nouvelles informations plus en phases avec notre évolution, il devient alors nécessaire d'abandonner certaines connaissances ou croyances que l'on tenait pour acquises.

Comme le disait un vice-secrétaire général des Nations Unies : *« Réussir, c'est savoir apprendre, désapprendre et réapprendre en fonction des besoins. »*

Le principal souci de l'homme tient en son incapacité à se restructurer une fois qu'il a été «construit» par ses tuteurs. Comme le monde n'est pas parfait et nos parents encore moins, il nous faut savoir reconnaître, et cela sans trop d'animosité, que nous avons construit des schémas limitants sur une éducation ou un enseignement tronqué.

Nous devons alors désapprendre, abandonner certaines de nos croyances, et de nos convictions et adopter un regard toujours neuf sur la réalité, telle qu'elle est au moment même et non pas à l'image de nos schémas et de nos conditionnements.

Apprendre à désapprendre est le plus difficile des apprentissages qui consiste à avoir le recul nécessaire pour s'affranchir du premier voile que l'on a tendu entre nous et nous-même, entre nous et autrui et qui nous empêche de voir la réalité telle qu'elle est, dépouillée de nos fausses croyances et de nos préjugés.

Ainsi, plus on apprend sans désapprendre de temps à autre, plus l'on se fige dans des certitudes et plus l'on cloisonne notre conscience. On se croit alors maître de ses actes et de son destin, alors que l'on est simplement un logiciel qui répond à de nombreux a priori et à des programmations inconscientes. Certes, il ne faut pas cesser d'apprendre, car cela enrichit l'esprit, mais il faut veiller à nous renouveler en découvrant les erreurs de certains de nos modes de pensée et en nous ouvrant à d'autres informations et d'autres paradigmes. Quand on a trop d'acquis, il faut parfois revenir à plus de simplicité et retrouver ses qualités intérieures, son savoir inné et son ressenti profond.

ÊTRE LIBRE INTÉRIEUREMENT

« Les hommes se vantent d'être libres, car ils ignorent les vraies causes de leurs désirs et de leurs actes. »
Baruch Spinoza

Sommes-nous libres intérieurement ? Sommes-nous libres de nos conditionnements, de nos angoisses, de nos frustrations, de nos apitoiements sur nous-même, de nos peurs ? Certainement pas ! Il y a toujours quelque chose qui nous enferme et nous rend esclaves, un sentiment que notre mental se plaît à entretenir sous la forme d'une complainte sans fin.

À présent, sommes-nous conscients de cela ?

Bien entendu, nous constatons en nous, un certain mal être, mais prenons-nous vraiment conscience du manque de liberté que cela entraîne ? Réalisons-nous vraiment que nous agissons trop souvent par réaction plutôt que par action consciente ? Nous réagissons plutôt que d'agir librement.

Lorsque nous sommes contrariés, en colère, angoissés, nous obéissons à un schéma psychologique très précis, un tissu émotionnel que nous avons lentement construit depuis notre toute petite enfance. Toute réaction démesurée de notre part obéit forcément à une blessure que l'on a vécue par le passé, sinon comment expliquer que les gens ne réagissent pas de la même manière aux mêmes problèmes ! Un évènement n'est douloureux que s'il trouve un écho pénible dans notre psyché.

Ceci est de la psychologie de base, mais toute guérison passe par une prise de conscience réelle, profonde et non simplement entrevue, de ces chaînes qui nous emprisonnent dans des préconditionnements profonds et qui nous ôtent toute liberté d'action consciente.

Comprendre que notre liberté est alors entravée, c'est déjà aller vers plus de liberté. Saisir les innombrables pensées et sentiments qui nous enferment dans notre mental, c'est aller vers la reconnaissance de ce qui est, et reconstruire, ou, serais-je tenté de dire, déconstruire pour mieux aller de l'avant.

Être libre, c'est ne plus réagir, mais agir en toute conscience.

ACCEPTER

« Par réalité et perfection,
j'entends la même chose. »
Baruch Spinoza

TOUT EST PARFAIT !

Dans nos vies, nous avons tous pour fâcheuse habitude de ne focaliser que sur ce qui ne va pas, nos manques ou nos aversions. Nous voulons une vie si parfaite que dès qu'un grain de sable vient enrayer, croyons-nous, cette harmonie idéale, nous en faisons une obsession. Peut-être devrions-nous prendre plus souvent conscience qu'à bien y réfléchir et dans la plupart des cas, tout fonctionne parfaitement bien. Pour cela, il nous suffit simplement de réaliser que notre corps est une pure merveille qui nous ouvre au monde et nous le restitue parfaitement. Que le fait de pouvoir tapoter sur un clavier tout en écoutant de la musique et en savourant un délicieux bonbon est un véritable miracle de synchronisation. Que dans la plupart du temps, notre corps fonctionne merveilleusement, que notre intellect est parfaitement opérationnel et notre créativité intacte.

Le plus souvent, nous sommes à même de ressentir ou de faire des choses extraordinaires. Tout est réuni pour que notre vie se passe du mieux possible, si pour autant nous parvenons à stopper cette terrible voix qui nous murmure sans cesse qu'il nous manque toujours quelque chose ou que cela devrait être autrement. Pourtant, en soi, tout est parfait. Il n'y a rien à redire sur la création et il est inutile d'accuser notre voisin quand il nous cause un tort, ou même la nature quand elle emporte un des nôtres. L'univers fonctionne à merveille, tant sur le plan macroscopique que microscopique. Chaque cellule, chaque atome, chaque particule accomplit exactement ce pour quoi il existe. C'est la raison pour laquelle, nous devons bien nous garder de porter un jugement de valeur sur la justice ou l'injustice liée à tel ou tel évènement.

Une cellule meurt, une autre naît, mais au niveau microscopique, rien ne disparaît fondamentalement. Comme disait le célèbre chimiste, économiste et philosophe Antoine Laurent de Lavoisier : *« Rien ne se perd, rien ne se crée, tout se transforme. »*

Pourtant, la perte nous est insupportable, mais à bien y réfléchir, nous ne faisons que le deuil d'une image et de l'attachement qui s'y rapportait.

Observons dans l'instant comme tout est parfait, nos pas, notre souffle, tout ce qui évolue autour de nous... Tout concourt, nous-mêmes et notre entourage, en cet instant, à ce que nous soyons heureux. Alors, apprécions cela, et avec un peu de pratique, il est sûr que l'on dénichera bien plus de perfection qu'on ne le croit dans notre vie de tous les jours.

JUSTICE ET INJUSTICE

Voilà deux notions difficiles à aborder. Existe-t-il une justice en ce monde, à part celle des hommes ? A priori, il semblerait que non et force est de constater que la justice est une invention humaine. Est-ce que la nature est juste ? Est-il juste qu'un petit faon se fasse dévorer par un loup, qu'un ouragan détruise tout sur son passage ou qu'une carpe avale une ablette ? Sûrement pas de la manière dont nous l'entendons avec notre propre conception de la justice, et pourtant, nous l'acceptons, car cela n'est pas de notre ressort. Le monde tourne à la perfection et il n'a pas besoin de notre justice pour que le soleil se lève chaque matin et que les saisons se suivent.

Par ailleurs, au-delà du sentiment d'injustice que nous vivons, existe-t-il une justice divine ? « Ceci est bien, ceci est mal. Je ne dois pas faire comme ceci ou penser comme cela sinon, je passerai devant le Grand Tribunal ». Il est des croyances très ancrées dans la psyché des hommes quant à la dette qu'ils laisseront, leur dernier souffle rendu. De tout temps, la peur du jugement et de la punition ont permis de poser des limites en permettant à l'homme de rester plus ou moins sur le droit chemin. Mais au bout du compte, il y a simplement une vie qui est ce qu'elle est et qui demande encore à évoluer. C'est une existence parmi d'autres, faisant partie d'un principe d'évolution qui perdure depuis des millions d'années, un énorme jeu où chacun doit effectivement « jouer » sa vie pour la réalisation de son âme, ou un dessein évolutif qui se moque bien de nos tracas quotidiens et qui suit inexorablement son chemin. À chacun sa théorie.

Ce qui semble sûr, c'est que nos vies ne sont pas « détachées » du reste du monde comme voudraient nous le faire croire nos ego. Nous sommes tous interdépendants. Animaux, végétaux, minéraux... Tout vibre à l'unisson.

Nous ne sommes plus des enfants dont on doit faire l'éducation. Pensons simplement à notre seule situation. Est-ce que nos actes sont conformes à notre véritable nature ? Tant qu'il s'agissait de ruser face à ses proies pour mieux les attraper, l'homme le servait de son intelligence. Sa nature violente et ses pulsions de mort ne servaient rien d'autre que l'instinct de survie ajouté à une certaine capacité à anticiper. L'homme était alors primitif, sauvage, violent, mais affranchi de cette dualité que sont le bien et le mal.

Sommes-nous maintenant dans une phase transitoire et écartelés entre deux forces ? D'un côté, notre nature animale, notre cerveau reptilien avec son instinct de survie, et de l'autre, un niveau de conscience supérieur qui demande à s'affranchir de tout cela ? En se situant à l'échelle de l'homme et de son évolution, l'on pourrait être tenté par ce genre de réponse. L'homme ne répond encore que trop à ses pulsions primitives et à son caractère dominant, vertus essentielles à toute espèce qui espère survivre en ce monde. Cependant, il a compris que son instinct primitif pouvait desservir l'autre, et, tiraillé par sa conscience, il est devenu l'homme pécheur, puis l'homme moralisateur refusant à toute forme d'injustice.

En attendant de meilleurs jours, nous devons cependant l'accepter pleinement car il doit s'agir d'un processus naturel qui naît d'une compréhension tout aussi naturelle du principe de vie. Comme le disait Gandhi : *« Là où la conscience doit se prononcer, la loi n'a que faire. »*

L'IMPERMANENCE DES CHOSES

« Il n'y a pas d'être, il n'y a que du devenir. »
Swamî Prajnampâd

« [...] *libération il peut y avoir, car à chaque instant nous recommençons notre vie.* »
Michel de Montaigne

Swamî Prajnampâd et Montaigne s'associent sans le vouloir pour nous dire que la vie n'est que manifestation changeante. Tout est constamment en devenir. Il est donc important de prendre conscience que notre corps et notre esprit sont en perpétuelle transformation. L'état d'aujourd'hui ne sera jamais celui de demain. Les évènements surgissent et quand bien même tout nous semble calme et routinier, notre être tout entier nous offre un nouveau visage chaque jour, suivant les évènements qui surviennent dans une journée, un an, une vie.

Ce devenir incessant est très déstabilisant pour notre mental et notre affect en quête de stabilité. À vrai dire, nous supportons assez mal le changement qui nous déstabilise et nous préférons nous engluer dans une routine mortifère. Apeurés par ce que peut nous réserver la vie, nous verrouillons tout. Nous nous « bunkerisons » dans l'habitude et la répétition des choses, car cela nous sécurise.

La crainte est grande de voir nos projets ou nos réalisations s'effondrer sur un « coup du sort » ou un échec personnel. Pourtant, la nature est dans un sens parfaitement instable. Tout est naturellement construit, détruit, reconstruit. Tout est en perpétuelle transformation. Un évènement n'est que ce qu'il est, mais nombre d'entre nous faisons de ces petits maux tout un monde.

Il importe alors de vivre la réalité de l'instant en mesurant le lot de transformations à venir et en acceptant l'incertain et l'impermanence des choses. Ce n'est qu'ainsi que l'on peut accéder à l'espace tranquille, qui, en chacun de nous, observe dans la joie du devenir.

LA SOUFFRANCE

La souffrance morale est notre compagne de toujours et se mesure à nos exigences. Elle croît avec nos désirs, et plus ces derniers sont confus et incontrôlés, plus grande elle est. Cette souffrance est en nous, au fin fond de notre esprit, entretenue depuis la prime enfance, parfois même, depuis la nuit des temps. Elle est là, présente, pour ne pas nous faire oublier que l'on doit grandir, réponse à nos exigences, mais aussi et surtout conséquence subtile de notre ignorance.

La souffrance morale, si l'on ne retient qu'elle, est sans cesse présente pour nous rappeler que l'on n'est pas sur le bon chemin. Elle stimule en quelque sorte notre croissance et sans elle, nous ne serions peut-être que de misérables larves satisfaites de leur personne, sans aucun désir d'évoluer. Elle fait partie de notre vie, et sans tomber dans le syndrome très religieux du martyr, nous devons reconnaître que la souffrance est notre moteur d'évolution, le ressort de notre croissance. Même si ce constat est difficile, il n'en demeure pas moins une réalité, et ne plus endurer la souffrance, n'est-ce pas avoir découvert sa vraie nature ?

La souffrance est un concept tout aussi relatif que celui du bonheur. Il faut savoir accepter avec sérénité ce qui arrive de bon dans notre vie, et user de la même attitude lorsque les ennuis s'invitent dans notre quotidien. Voilà ce qui pourrait être la véritable acceptation des choses et des évènements.

Au lieu de cela, nous refusons à tout prix que la douleur s'installe, même épisodiquement, dans notre vie. Nous la rejetons en bloc et nous lui cherchons des boucs émissaires. En revanche, lorsque quelque chose de bon nous arrive, nous n'en félicitons que notre seul ego, sans nous dire qu'au-delà, la vie aussi a fait son œuvre et que tout ce qui est en nous et autour de nous conspire à créer cette réalité bienheureuse.

Cependant, la souffrance morale en fait parfois trop, et souvent, pour un rien, elle nous torture, nous nous faisons souffrir. Lorsque la douleur arrive, réveillée par un fait quelconque ou un souvenir, et qu'elle n'est pas insurmontable, plaçons-nous bien en face d'elle et observons-la sans tenter de l'analyser. Peut-être alors nous révélera-t-elle sa vraie nature. Ne la ranimons pas et nous nous rendrons compte qu'elle a moins de consistances qu'il n'y paraît, et qu'elle peut s'évanouir, sinon s'amoindrir dès que la conscience l'observe, car rien ne peut résister à un regard détaché. Parfois la seule observation suffit.

Apprenons donc à accepter la souffrance comme faisant partie de notre vie puisque quoi que l'on fasse, elle sera toujours notre invitée, surtout si on lutte contre elle. Il suffit alors de la regarder simplement, d'accepter sa présence et d'en avoir perçu la consistance. Après et seulement après, nous pourrons tenter d'en comprendre l'origine.

Accepter la souffrance, et la regarder pour ce qu'elle est, sans en rajouter, c'est déjà s'en éloigner.

Alors, à force d'observation, on s'apercevra qu'il y a des douleurs dont on peut se défaire facilement, surtout celles que notre mental a greffées sur notre douleur première.

La vie oscille entre équilibre relatif et déséquilibre partiel. L'équilibre parfait n'existe pas.

VIVRE DANS LE PRÉSENT

On anticipe plus souvent notre bonheur qu'on ne le vit dans l'instant sans tenir compte de cette maxime bien connue :

« Plus que l'objectif, c'est le chemin qui compte ». Nous ne sommes que trop rarement satisfaits de notre présent et nous nous réconfortons en nous projetant dans l'avenir.

« Quand j'aurai ceci ou serai cela, je serai heureux » a-t-on coutume de se dire. Les projets ne nous comblent pas en soi, mais nous aident à supporter notre quotidien, surtout quand celui-ci est terne et dénué de sens. Même réalisés, ils ne nous satisfont jamais vraiment et nous passons rapidement à autre chose.

Le bonheur est sur le chemin, dans l'instant et lorsque l'on pose un pied devant l'autre. Dans nos vies trépidantes, nos projections, prévisions et autres plans, nous nous devons de ralentir notre marche pour sentir simplement nos pas sur le sol. Marcher tout en sachant que la destination n'est pas le plus important. Reconnaître chaque pas et prendre conscience du perpétuel devenir de notre existence, recevoir les choses naturellement, telles qu'elles s'offrent, c'est ouvrir notre conscience au monde et à tout ce qui nous entoure.

Carpe diem

Cueille le jour présent sans te soucier du lendemain.

Cette locution latine est connue de tous, mais la met-on vraiment en œuvre, ne serait-ce que quelques instants chaque jour ? Pourtant, aucun d'entre nous ne songerait à remettre en cause son bon sens. Ces deux mots, quoique galvaudés, sont en soi l'essence même de la vie. On pourrait les combiner avec la célèbre phrase de Jésus : « À chaque jour suffit sa peine » même si cette dernière porte en elle une connotation négative.

Dans notre société, vivre au présent sans se soucier du lendemain, apprécier les fruits de chaque instant de notre existence est difficile, voire impossible. Mais se soucier du lendemain, c'est renoncer au plaisir du moment, et sacrifier ce précieux instant, ce n'est pas vivre. Alors, ne vaut-il pas mieux tenter de voir les choses autrement et essayer de capturer le présent pour construire son avenir, puisque c'est là que les réponses se trouvent, même si l'on plonge naturellement dans le passé pour y chercher quelques références ?

À cette nouvelle façon de voir les choses, on pourra opposer qu'un manque d'anticipation risque de nous faire subir notre avenir. Mais qui parle de bannir toute projection ? Il est bon pour chacun de s'imaginer dans le futur et d'y découvrir un fantastique monde de potentialité, mais il est également essentiel d'avoir confiance en la vie sans vouloir nécessairement tout verrouiller dans l'obsession d'un risque quelconque.

Il y a deux façons d'échapper au présent : l'une consiste à ne compter que sur l'avenir et à s'y projeter perpétuellement, l'autre à vivre dans le passé, en ressassant ses échecs ou au contraire, en regretter le bon vieux temps. Il est surprenant de constater le nombre de personnes qui ne se satisfont pas de leur présent. Les uns regrettent leur jeunesse ou leurs périodes fastes, les autres ne vivent même pas dans leur siècle et aimeraient être nés à une autre époque. Dans tous les cas, ces comportements nous installent à la périphérie de notre vie et nous isolent de la réalité et de notre être profond qui lui, s'épanouit dans le présent.

Il y a aussi ceux qui veulent tout maîtriser, qui verrouillent tout, se protègent de tout et ne laissent pas la moindre chance aux formidables opportunités que nous offre la vie. Prendre une police d'assurance, c'est bien, s'ouvrir aux évènements qui jalonnent notre vie, c'est mieux. Accepter que le « destin » s'engouffre dans notre vie la rend plus sereine. Cependant, ce « destin » peut revêtir différentes formes. Il peut être joyeux, mais aussi terriblement triste. Et alors ? Faisons comme nos petits vieux qui, assis sur leur banc, déclarent « C'est comme ça, c'est la vie ! ». Sans verser dans un fatalisme mal placé ni se montrer masochiste, il y a un juste milieu à adopter. Profitons du meilleur, mais acceptons aussi le pire lorsqu'il se présente et qu'on ne peut l'éviter.

Écoutons Swamî Prajnampâd : « *Quelque chose est arrivé... Oui, c'est ainsi.* »

Simple, et direct ! Certains trouveront dans ces mots une forme de naïveté ou de fatalisme, d'autres y percevront un enseignement, à chacun sa sensibilité.

Plus précis et plus explicite, venant du même auteur : « *Un évènement désagréable est arrivé ? Embrassez-le et prenez-en possession. Si un évènement vous déplaît, alors débarrassez-vous-en et si cela n'est pas possible, acceptez-le, embrassez-le aussi.* »

Vivre au présent signifie donc accepter de recevoir les choses en l'état, telles qu'elles nous sont offertes, et accueillir les évènements, les pensées, les émotions avec le recul de celui qui observe. En s'exerçant un peu, il est possible de conserver cette attitude d'observateur détaché. Il suffit de décentrer son attention pour envisager les choses tel un observateur qui se trouverait derrière nous. Cette pratique peut paraître un peu simpliste, mais, lorsque je l'applique, personnellement elle me permet toujours de prendre un sage recul sur mon mental et m'aide à voir et ressentir les évènements autrement.

Pour vivre en présence, rien de mieux qu'une promenade dans la campagne. La nature est une formidable source d'inspiration et elle a le don de nous ramener à notre condition d'être vivant. La marche est un merveilleux support pour prendre la mesure du temps, en l'occurrence, du temps présent. Elle permet de faire un pas, puis un autre sans se soucier du suivant, car on sait pertinemment que ce dernier se fera. C'est dans cette attitude que s'installe peu à peu en nous une forme de confiance et de sérénité, que l'on devient présent à ce que l'on fait, et, par là même, bien plus créatif. Au bout de quelques promenades en toute conscience, il est surprenant de voir comment s'installe doucement l'être présent et attentif qui est en chacun de nous.

Comme le disait si sagement le Maître zen Houeï-Neng : *« Le vrai miracle n'est pas de marcher sur les eaux ni de voler dans les airs : il est de marcher sur la terre. »*

Bien entendu, au début, on tombe dans le piège du vouloir. « Je vais faire ma promenade et tenter de soutenir mon attention pour rester dans le présent », bref, je vais forcer ma démarche méditative. Rien de tout cela ! Partons nous promener, un point c'est tout ! Une fois dans les bois, lâchons prise et n'essayons surtout pas de nous fixer un objectif, ce serait la meilleure façon de passer à côté de l'essentiel. Seul l'acte doit nous habiter, sans attente de résultat. Si des pensées intruses nous assaillent, observons-les et laissons-les défiler. Il s'agit là de ne pas lutter et d'éviter les « Il faut » et les « Je dois ».

Certains pensent que les techniques de méditation consistent à chasser toutes les pensées que l'on a dans la tête. Bien sûr, instaurer un peu de calme dans son esprit c'est bien, mais observer simplement, sans prendre part, c'est encore mieux. Il suffit de débusquer l'observateur tranquille qui est en chacun de nous. Ce bienfaiteur ne se révèle que lorsque l'on est dans une démarche d'acceptation et de non-conflit. Observer ses pensées défiler, bonnes ou mauvaises, sans jugement, est bien plus utile que s'arc-bouter sur une ferme volonté de chasser tout intrus de son esprit. Soyons et observons, tout simplement.

Il en est de même lorsque nous décidons d'aller à des cours de relaxation, de yoga ou de méditation parce que nous en avons assez d'être stressés. La démarche est bonne, mais ce n'est pas suffisant. Nous suivrons notre apprentissage pendant un certain temps, peut-être même de façon régulière, mais un jour ou l'autre, comme c'est souvent le cas, notre être tout entier conditionné nous ramène inexorablement à nos travers.

Les « Il faut » et « Je dois » ne sont valables que pour notre fonctionnement en société et les objectifs que nous nous y fixons. Quand il s'agit de chercher en nous la racine de notre bonheur, notre demande ne doit pas se faire dans la force et la contrainte, mais doit s'accompagner d'une grande réceptivité et se nourrir simplement du présent.

Apprenons également à être attentifs à ce que l'on fait. Quand on se brosse les dents, on se brosse les dents, quand on fait la vaisselle, on fait la vaisselle. Cela dit en passant, faire la vaisselle est un excellent support à la méditation !

Être à ce que l'on fait permet de prendre la mesure du temps. L'exploit n'est pas d'accomplir des choses extraordinaires, mais d'exécuter des gestes simples en pleine conscience. Il est plus facile de traverser la Manche à la nage que de vivre les tâches quotidiennes en toute conscience et dans l'amour du présent.

La grâce du présent est une notion très subtile. Elle s'incarne dans ce que l'on est et l'on fait ici et maintenant. Elle est l'observatrice tranquille de la réalité mais non pas la nôtre qui passe trop souvent par le prisme de nos croyances. Elle ne dépend pas d'un vouloir, mais se dévoile lorsqu'on ne l'attend pas et qu'on a lâché prise. Cette faculté d'abandon est essentielle.

Vivre peut se conjuguer de mille façons, mais c'est avant tout se sentir exister, recevoir les choses comme elles sont et non déformées par tous nos conditionnements, et interagir avec soi et les autres avec le plus de lucidité possible.

Tout cela ne peut se faire que si l'on est bien ancré dans le moment présent, sans référence ni au passé ni à l'avenir. Certes, sur le plan purement pratique, nous avons besoin de retourner dans notre passé pour y puiser des références. En revanche, elles ne nous sont plus utiles quand il s'agit du plaisir de vivre dans sa plus simple expression.

Au beau milieu des cadeaux matériels, corporels ou même intellectuels que nous nous octroyons, apprenons donc à ressentir le simple fait de vivre et prendre conscience de cette énergie qui nous maintient sur nos deux jambes et qui fait tourner le monde.

À la fin, on s'apercevra qu'il y a peu de choses à expérimenter si ce n'est cultiver notre présence à ce qui est, car ce n'est pas notre mental qui mettra à nu notre ego et tout son système d'identification, ni ne nous dira que tout est affaire de conscience, d'humilité et de dépouillement.

Tout se construit dans le présent et dans notre perception de ce qui est, maintenant, cet endroit où la pensée cesse de se fixer pour aller et venir librement, cette présence à soi, cet art de faire parler son être profond, même si ce dernier ne s'accommode pas toujours de tous les tracas de notre quotidien.

Lorsque nous parvenons à côtoyer la grâce du présent, les moments de détente que nous nous octroyons nous font découvrir cet espace de tranquillité sur lequel viennent se greffer les évènements du monde manifesté. Ces instants nous révèlent un arrière-plan qui n'a ni couleur, ni odeur, ni son, ni limite, et qui évolue dans une ronde intemporelle. C'est alors que la nature de l'observation change, inspirée par ce silence où il n'y a ni observateur, ni observé. Certes, le mental sera toujours présent pour gâcher cette délicieuse fête, et l'instant restera trop souvent furtif et sans cesse soumis à l'épreuve du « réel ». Malgré tout, chacun, à sa mesure, pourra expérimenter ces petits bouts de grâce pour en faire, avec le temps, une longue chaîne. Se nourrir de l'instant, de ce qui est maintenant, ne serait-ce que quelques minutes par jour, nous fait entrevoir cette paix qui, avec la pratique, s'installera toujours plus durablement.

Rien n'est plus heureux que de comprendre que ce n'est ni notre quête, et nos projections, ni le passé ou l'avenir qui nous installe dans le bonheur, mais la seule seconde que nous vivons là, dans notre présent, car nous sommes déjà complets en l'instant.

DÉSIRER AUTREMENT

COMPLICE DU DÉSIR : LE MANQUE

Le manque fait partie de notre vie et appelle chacun de nos désirs. Nous ne serons jamais pleinement satisfaits tant que nous entretiendrons notre vide intérieur. Pourquoi donc lutter et sans cesse se révolter ? Ne vaut-il pas mieux d'abord s'interroger sur la nature de ce vide ?

Déclarer la guerre à la pénurie sous prétexte que tout se gagne en ce monde à la force du poignet est une vaine attitude. Nous pensons que le conflit et la lutte peuvent nous faire avancer, mais ils nous épuisent. Combler un vide est légitime, mais nous devons savoir avec quoi et surtout pouvoir l'identifier.

Nous sommes tous animés de désirs plus ou moins importants. Nous en vivons certains pleinement et en refoulons d'autres, car ils ne nous semblent pas convenables. En dehors de nos besoins fondamentaux comme manger, boire, dormir, ou avoir un toit, tous les autres désirs sont plus ou moins fabriqués par toute sorte d'influences extérieures inhérentes à notre environnement. On peut alors parler de mimétisme. À nous de savoir comment ils sont nés, à partir de quels motifs, quels manques et quels conditionnements... Ainsi, il peut nous paraître sage de nous démarquer de l'influence des autres, d'éviter la comparaison avec le voisin, ou cesser de n'avoir d'yeux que pour ce qui se fait. Le bonheur de l'homme dépend trop souvent de la comparaison avec son prochain. L'influence exercée par la société de consommation et l'image qu'il doit renvoyer de lui, le poussent à avoir ou à être autant que plus que l'autre. Il ne s'agit plus alors d'être soi, mais de suivre aveuglément ce que nous dicte le courant sociétal du moment : avoir autant, voire plus que son voisin, être plus fort ou plus ingénieux que son collègue, suivre ce qui se fait pour appartenir au groupe.

Cette société crée énormément de besoins, et, par ricochet, ne cesse de provoquer de nouveaux manques. On doit donc se demander : qu'est-ce qui fait mon bonheur et qu'est-ce qui cause mon malheur ? De ne pas avoir ce qu'a l'autre ? De ne pas ressembler à l'autre ? Je n'ai pas d'ailes, est-ce que cela me gêne ? Non, tant que mes voisins n'en ont pas. Alors, à quoi bon nous comparer ?

De par notre passé, nos désirs peuvent aussi obéir à un désordre affectif et à un phénomène de compensation. Toute notre vie, nous tentons de remplir un vide affectif créé depuis notre prime enfance. On a manqué de ceci et on court après durant des années, ou bien, dans un rapport inversé, on a eu cela, mais on l'a refusé et l'on part dans le sens contraire. Bref, on ne cesse, notre vie durant, de combler des vides et cela devient à la longue épuisant. Comme disait Camille Claudel : *« Il y a toujours quelque chose d'absent qui me tourmente. »* Malgré tout, dans les dédales de notre psyché, le désir peut être tout à fait naturel et maîtrisé. On parle alors plus d'intention que de désir ou de pulsion subie et incontrôlée. L'on peut tout désirer, même ce qui ne semble pas convenable pour notre société ; il n'y a rien de mal en soi. Inutile donc de culpabiliser sur certains désirs, ils sont la parfaite image de ce que l'on est et de ce que l'on ressent en cet instant. En approfondissant un peu plus, on peut même découvrir bien des choses sur nous à travers nos désirs. Jamais le problème ne se pose, lorsque ces désirs changent au gré de nos humeurs. Un jour nous voulons ceci, un autre jour cela, sous prétexte que notre état d'esprit a changé, que la société de consommation a créé de nouveaux besoins, ou tout simplement parce que le temps est passé et a fait son œuvre. Ce ballottement incessant ne permet pas à un désir de se fixer en profondeur dans notre esprit. Le plus beau d'entre eux ne se réalisera jamais si, avant même d'avoir germé en nous, il est supplanté par un autre. Alors, chacun de nos pas mène à un désir, qui, non réalisé, entraîne une frustration, qui à son tour, génère un autre désir. La boucle est bouclée.

Pour avoir une chance de voir ses aspirations se réaliser, n'est-il pas plus sage de d'abord les vivre et de s'en nourrir au lieu de papillonner et de butiner à gauche et à droite ? La simple volonté ne suffit pas, pour que cela soit, mais plutôt une plongée dans l'univers du désir réalisé avant même qu'il ne le soit.

Certains disent que l'on peut tout obtenir dans notre vie grâce à la loi d'attraction. *« Demande et tu recevras »*, disaient Jésus et ses disciples à sa suite. Un nombre infini d'ouvrages a largement abordé le « mystère » de la loi d'attraction. Prendre conscience que tout est affaire d'énergie et d'attraction éveille en soi un certain émerveillement. Admettre que tout est déplacement d'ondes et de particules qui s'attirent et que même la pensée rentre dans ce paradigme-là semble ouvrir grand les portes à la résolution de nos problèmes. Cette vérité, quoique difficile à prouver, éveille en chacun de nous un regain de dynamisme et de foi. L'on se dit alors que tout peut nous être offert pour peu que l'on sache se placer dans une demande pure, simple, sans contours et dénuée de toute arrière-pensée. On travaille alors la pensée positive, on décrète notre droit à la richesse et on implore l'univers de nous offrir notre dû. Hélas, dans la plupart des cas, on se heurte à nos propres contradictions. Notre esprit est vraiment trop englué dans les dédales de nos fausses croyances et de nos superstitions pour pouvoir s'offrir toute la richesse du monde.

Et pourtant, dans cette simple phrase « *Demande et tu recevras* » se niche une subtilité qu'il est intéressant d'approfondir. La vie peut tout nous offrir à condition que nos désirs ne soient pas placés sous la tutelle de notre seul ego. Ce dernier nous dicte nos envies, d'imposer sa loi et de passer en force, et choisit même le prétexte de l'éthique pour nous conforter dans notre décision, bien que, le bien et le mal n'aient rien à voir avec tout cela. Un désir, aussi noble soit-il, n'aura pas plus de chance qu'un autre de se réaliser dans l'absolu car la valeur morale n'entre pas en ligne de compte.

Pour être parfaitement en adéquation avec le principe du : « *Demande et tu recevras* », il serait d'abord souhaitable d'apprendre à recevoir ! Un désir, pour être réalisé, doit être aimé. Toute la vie doit tendre vers l'amour. Aimer, c'est apprécier ce que l'on a et ce que l'on n'a pas. Aimer, c'est avant tout être comblé, se nourrir de ce qui est présent comme de ce qui est absent. Le sentiment de manque, la supplication et l'imploration n'exaucent pas les vœux. Rien ne peut germer d'un esprit dans le besoin, car il s'y cachera toujours plus ou moins bien camouflé, une frustration, un sentiment de revanche ou un ressentiment.

Ce sentiment de vide ne peut offrir l'abondance. Il n'y a qu'un état d'esprit serein, plein d'optimisme naturel et débordant de joie, qui puisse réaliser un désir, accueillir une nouvelle réalité et la créer dans le monde manifesté. Vivons donc nos désirs dans la félicité, imaginons-les réalisés et laissons-nous envahir par l'émotion que nous ressentons alors. C'est ainsi, dans la joie retrouvée, que l'on verra peut-être nos vœux exaucés.

ACCUEILLIR

« L'univers est avec toi, personne n'est contre toi, il n'y a que toi contre toi, tout va bien pour toi. »

La vie doit couler d'elle-même et s'offrir à nous dans toute sa générosité. Comme disait Aimé Césaire : *« Être poreux à tous les souffles du monde. »*

Notre existence se manifeste sous différents aspects. Certains sont positifs, d'autres négatifs, mais on ne peut pas reprocher à notre vie d'être monotone quand elle offre une richesse de potentialités extraordinaires ! Au lieu de maugréer sans cesse, nous devrions nous réjouir des possibilités infinies qui régissent chaque nouvelle journée qui s'annonce. Accueillons le bon comme le moins bon et savourons l'énorme champ des possibles qui s'offre à nous.

Nous pouvons commencer le soir, avant de nous endormir, en faisant le point sur la journée qui vient de s'achever. Que s'est-il passé ? Quels ont été les moments positifs et négatifs ? Quels sont les signes qui nous ont éclairés sur notre devenir ?

Tout cela est à méditer chaque soir avant que le sommeil ne s'empare de nous.

Cet « arrêt sur image » permet de ne pas passer nos journées et nos semaines en mode automatique et de subir les évènements sans en comprendre la moindre parcelle de sens. Ainsi, s'arrêter sur les diverses péripéties d'une journée, permet de saisir le sens subtil du déroulement des choses, au-delà du raisonnement intellectuel et de la simple recherche de cause à effet.

Lutter contre les éléments ne mène pas à grand-chose. On peut s'élever contre les « injustices » qui jalonnent notre vie, mais, à bien y réfléchir, on ne récolte que ce que l'on sème. La vie par nature n'est pas morale. Les animaux, les végétaux non plus. Nous seuls humains le sommes.

Inutile donc de jeter la pierre à l'un ou à l'autre, ou bien d'accuser le sort et la malchance ! Nous sommes les seuls responsables de nos vies. Il nous faut non seulement alors accueillir, les écueils qui jalonnent notre quotidien, mais aussi accepter le simple fait d'en être responsable et d'être soi-même imparfait, au regard de notre propre interprétation de la perfection. Ce n'est qu'à partir de là qu'on peut reprendre le fil de notre vie sous un jour nouveau.

EMBRASSER

Au-delà de la définition du simple baiser, « embrasser » signifie prendre et étreindre quelqu'un dans ses bras. Ne pourrions-nous pas embrasser la vie de la même manière ? Mieux encore, se laisser embrasser par elle ?

On nous dit sans cesse que l'on doit aimer la vie, la croquer à pleines dents quoiqu'il arrive. Mais la vie elle-même, dans son formidable déploiement de générosité, ne nous aime-t-elle pas ? L'amour que l'on porte à un dieu et qu'il est censé nous rendre, ne peut-il servir d'exemple à celui que nous portons à la vie et qu'elle nous rend volontiers ?

Embrasser la vie, c'est aimer et se sentir aimé de cet amour qui régit l'existence et la nature des choses. Alors, aimons la vie et laissons-nous aimer par elle. Aimons-nous aussi nous-mêmes !

OBSERVER

« Le silence total, où il n'y a ni observateur
ni observé, est la forme la plus élevée
de l'esprit religieux. »
J. Krishnamurti

Observons quelque chose, un arbre par exemple. Que voyons-nous ? Est-ce l'arbre dans ce qu'il offre naturellement à nos yeux ou bien est-ce le chêne, le pin, robuste ou malingre, appartenant à la famille des conifères ou des fagacées ?

Face à cet arbre, notre premier choix est intellectuel. Nous en observons la forme, la nommons, en mesurons la masse et le poids, bref, nous le classifions et le reconnaissons grâce aux connaissances que nous avons acquises. Ensuite, nous le jugeons dans sa valeur. Il est beau, trop ceci, trop cela ou tout simplement insignifiant. Après avoir affublé cet arbre de divers qualificatifs, nous l'abandonnons à sa seule condition et nous passons à autre chose.

Entre nous et la chose observée, mille mots s'interposent et nous finissons par ne plus réellement voir cet arbre tel qu'il s'offre simplement, dans sa grâce et sa beauté. La distance mentale entre l'observateur et la chose observée est la nature même de nos maux. Trop d'intellectualisation tue l'observation et nous ne percevons plus la simple réalité des choses. Il nous faut de temps en temps réapprendre à percevoir la forme telle qu'elle est, et recevoir simplement ce qu'elle offre sans passer par des critères de valeurs intellectuels. Cela s'appelle la méditation, ou tout simplement, vivre au présent.

Intellectualiser ce qui s'offre à nos cinq sens n'est pas une mauvaise chose, mais ne pas savoir observer de temps en temps ce qui nous entoure avec innocence peut nous enfermer dans notre seul mental et nous empêcher de voir l'essentiel.

« Lorsque nous voyons un arbre, une fleur, une personne, les voyons-nous réellement, ou voyons-nous l'image que le mot a créée ? »
J. Krishnamurti

S'ABANDONNER

Si l'on cherche dans le dictionnaire les synonymes du mot « abandonner », on y trouvera différentes variations que l'on pourra classer en deux catégories. La première révélera des mots comme : abdiquer, capituler, céder, déclarer forfait, décrocher, démissionner, flancher, fléchir. La deuxième catégorie affichera les suivants : cesser, quitter, se débarrasser, se défaire.

À la lecture de ces deux listes de mots, on peut se rendre compte que la première contient des mots à connotation négative, tandis que la seconde renferme des mots que l'on ressent immédiatement comme plus positifs. C'est en se référant à cette dernière que l'on pourrait évoquer le mot « abandonner ».

Dans notre société, abandonner est souvent synonyme de renoncement contraint et forcé, et ce n'est qu'ainsi qu'il est effectivement perçu. Pourtant, il existe une autre forme d'abandon, celle du lâcher-prise. Il s'agit là de « s'abandonner », de savoir desserrer l'étau dans lequel nous pressent nos commandements intérieurs qui exigent sans cesse de forcer les choses et qui vocifèrent à grand renfort de volonté morale et intellectuelle. Bien sûr, « abandonner » ou « s'abandonner » ne fait pas bon ménage avec les exigences de notre société.

Le mental a horreur du vide et s'il peut le combler, il le fera avec joie. Ainsi, jour après jour, nous meublons ce vide avec une vie trépidante ne supportant pas le moindre moment de répit. La journée terminée et toutes les obligations remplies, que faisons-nous ? Nous, comblons encore ce vide par de multiples activités, télé, musique, ou visite aux amis. Ce sont certes des activités louables et on ne saurait les contester, mais ne pourrait-on garder un petit moment pour tout arrêter pendant un instant ? Accepter de s'abandonner simplement à la vie sans n'avoir de cesse de la combler. Se sentir simplement respirer, aller marcher sans rien faire d'autre, apprécier le soleil en terrasse ou la bise fraîche de l'hiver, sans écouteurs dans les oreilles et en ne faisant qu'observer placidement les éléments qui nous entourent.

Pour y parvenir, peut-être faut-il commencer par faire céder toutes nos résistances, déprogrammer nos vieux réflexes de luttes et d'affrontements et procéder à une vaste purge de certaines de nos croyances. S'abandonner à la vie exige une confiance totale en notre devenir. Vivre en conscience, être parfaitement aligné et en symbiose avec nos exigences peut paraître un peu ardu, voire même utopiste, mais il ne peut y avoir de réalisations sans une part d'abandon. Sachons garder cela à l'esprit quoi qu'il arrive.

LE PLUS COURAGEUX DES CHOIX

« Acceptez la vie comme elle vient.
La voie la plus sûre pour découvrir la vérité
est de ne plus résister à ce qui se présente. »
Jean Klein

Quel est le choix le plus courageux que l'on puisse faire dans une vie ? Est-ce celui de prendre à bras-le-corps les évènements tels qu'ils se présentent à nous ? De lutter jusqu'à l'épuisement contre des forces que l'on croit contraires ? De se battre contre le « sort », contre les épreuves de la vie, contre les obstacles qui viennent freiner nos projets, contre notre propre inertie ? Est-ce en somme d'opposer une force à une autre force, une énergie à une autre énergie ?

Face à un problème insoluble qui crée une peur et un sentiment de frustration, notre première réaction est d'attaquer ou de préparer la contre-offensive. C'est peut-être notre condition animale et notre instinct de survie qui veut ça, mais je soupçonne également notre ego qui adore se nourrir de conflits et d'affrontements.

Dans notre société, un être qui se bat est quelqu'un de respectable. Il méprise la douleur et l'échec et se refuse à être un perdant. Mais un perdant dans quoi ? Dans les rôles qu'il joue au sein de la société dans sa position dominante ou dans sa plus pure vérité d'être humain, conscient et spirituel ?

En réalité, le choix le plus courageux est parfois de lâcher prise. Cesser d'être en crispation avec les évènements qui jalonnent notre quotidien, accepter de remettre les clés à plus grand que nous, arrêter tout, observer et accueillir. Facile à dire, car dans cet état d'esprit, notre petite voix nous dit qu'il n'y a aucune garantie, que s'en remettre au calme et s'abandonner au principe de vie ne garantit en rien notre salaire, notre confort et le paiement de nos factures. L'argent ne tombe pas du ciel, dit-on. Et pourtant, toute forme de richesses pourrait nous tomber des cieux si nous nous mettions en position de les accueillir. Dans de nombreux cas, s'abandonner au cours des choses n'est pas une vaine attitude. Il ne s'agit pas de décréter béatement que Dieu va poser son doigt sur chacun de nos problèmes et nous apporter la solution. En réalité, il ne s'agit pas « d'abandonner », mais de « s'abandonner ». Nuance subtile qui implique de laisser la vie nous pénétrer, et prendre elle-même le contrôle tout en demeurant ouvert, réceptif et confiant. L'art consiste à savoir quand il faut véritablement arrêter de ramer dans le sens contraire du courant et de faire le choix de se laisser porter par la rivière. Par cette attitude on laisse place à un autre champ de possibilité – à un autre espace que le mental ni l'ego ne peuvent s'approprier. C'est d'ailleurs la voie que l'on choisit le plus souvent lorsque nous sommes dans une situation dramatique, sans possibilité rationnelle de nous en sortir. Nous abandonnons alors toutes nos forces vives mentales et intellectuelles pour confier notre problème à l'ordre du divin.

Alors, plutôt que de pester sans arrêt contre les forces dites contraires qui traversent notre existence, ne serait-il pas possible de lâcher prise à certains moments de notre vie, en commençant par les épisodes les moins tragiques, ceux pour lesquels on ne cesse de lutter à longueur de journée ? Lâcher prise est bien plus difficile que combattre et c'est peut-être le choix le plus courageux que l'on puisse faire. C'est comme se retrouver au bord d'une falaise et sauter en espérant que, forcément, il y aura un filet pour nous recevoir. Le problème, c'est qu'on ne voit le filet que lorsque l'on a sauté.

L'ÉLOGE DE L'OISIVETÉ

« L'oisiveté n'est fatale qu'aux médiocres. »
Albert Camus, *La mort heureuse.*

Comme le proclamait et le proclame toujours, une maxime célèbre de la foi chrétienne : *« La paresse est l'ennemie de l'âme. »*

Si l'on veut prendre le contre-pied de cette maxime, on peut clamer haut et fort : « En cette journée, je ne ferai rien ! » Mais nous risquons d'être mal vus par nos pairs, car l'oisiveté est loin d'être une « activité » reconnue, en ce monde trépidant. Comment oser se laisser aller à une telle improductivité sans que notre entourage nous ne le reproche insidieusement ? Car vivre en société et ne pas être productif, cela ne se fait pas. Même si l'on travaille et que l'on apporte notre contribution à l'effort productif de la nation, on se sent encore obligé de se perdre dans mille activités pour prouver que l'on existe. Nos enfants aussi y ont droit. Sortis de l'école et des devoirs à faire à la maison, ils n'ont plus le temps de se détendre et de jouer, car ils doivent encore aller au cours de piano ou à l'entraînement de basket.

Productivité, voilà le maître mot à partir duquel tourne notre société. Cette dernière nous enseigne à toujours être en action. Lorsque nous avons l'audace de refuser, nous sommes alors taxés de paresseux, faibles, dépendants ou même désœuvrés. Nous sommes mis au ban de cette collectivité en plein délire de productivité. Malheur à vous, oisifs et rêveurs, vous êtes les parias de notre bonne société ! Qui n'est pas créatif et productif n'est rien. Qui ne contribue pas à atteindre le point de croissance nécessaire à la bonne tenue de notre économie ne signifie rien !

Le non-faire nous ramène toujours au questionnement sur notre propre vide et là, c'est le trop-plein. Activités à gogo, débordements émotionnels et questionnements incessants pour sortir de cet abîme effrayant qu'est le vide. En somme, ne vaut-il mieux pas faire, défaire, échafauder, construire ou même projeter de faire, que de ne rien faire ?

Pourtant, on peut bien apporter quelques lettres de noblesse à l'oisiveté, car c'est un art qui n'est pas donné à tout le monde. Un lieu vacant, mais que nous n'avons de cesse de remplir, car dit-on, la nature a horreur du vide, même si paradoxalement, elle n'est faite que de cela, ou presque.

Essayons alors d'envisager l'oisiveté sous un nouveau jour et rendons-lui ses lettres de noblesse. Il y a une différence entre « ne rien faire » et s'ennuyer. Il ne s'agit pas là de s'adonner à une forme de paresse, mais plutôt à une culture du vide. Le « vide » est souvent plus plein qu'on ne le croit et c'est souvent dans celui-ci que l'on trouve la sérénité. Hélas, pour beaucoup d'entre nous, c'est un lieu vacant devant toujours être rempli par peur de faire face à son propre vide et ses propres manques.

L'oisiveté n'est pas donnée à tout le monde et ne peut s'envisager facilement. Pourtant, est-ce si dur de parfois ne rien faire et de s'y abandonner ? D'approcher ce vide, de l'accepter, de s'en nourrir et de le percevoir comme pleine réalité ? À vrai dire, c'est peut-être la tâche la plus compliquée !

CROIRE

La foi est la substance des choses que l'on espère et la démonstration de celles que l'on ne voit pas.

Même si la religion est considérée pour certains comme l'opium du peuple, la foi, est le fondement de toute réalisation. Il ne s'agit plus d'espérance ou de croyance mentale, mais de FOI.

L'on peut croire en Dieu, en nous, en les autres, en notre ange gardien, en notre devenir ou en la réalisation de notre être profond, peu importe le concept auquel on croit, pourvu que notre foi soit sans faille. Mais la foi ne se décrète pas, elle ne répond pas aux commandements du mental et ne se plie à aucune injonction. En revanche, elle apparaît naturellement dès lors qu'on est capable de s'émerveiller face au monde manifesté. À partir de là, on porte en soi une absolue confiance dans le dessein de la vie et l'on croit en la réalisation de tous nos désirs, pourvu qu'ils émanent de notre être profond.

Toucher à notre nature intérieure, c'est découvrir pourquoi on est réellement là et ce qu'on a à y accomplir. C'est atteindre nos désirs les plus intimes, et non pas ceux créés par les conditionnements de la société dans laquelle nous vivons.

Une façon en particulier de se demander ce qui est réellement bon pour nous est de se poser la question suivante : « Que ferais-je si, brusquement, j'avais tout l'or du monde ? »

De quoi serait fait mon quotidien ? Dans quel esprit me lèverais-je et me coucherais-je, une fois que j'aurais un jet, six limousines, et plusieurs demeures, bref, une fois que j'aurais satisfait mes besoins de sécurité, de luxe, de pouvoir et de reconnaissance sociale.

On peut facilement trouver la réponse à cette question, comme on peut rester des mois ou des années sans y arriver. On peut aussi ne pas voir plus loin que ce que peut nous offrir l'aisance matérielle.

Répondre sincèrement à cette question, c'est aller au-delà de ce vers quoi l'on court habituellement, à savoir notre survie et notre représentation dans la société. C'est rentrer dans le cœur des choses, se retrouver face à soi-même et à ce que l'on veut vraiment faire de sa vie. C'est aller directement à la racine de nous-mêmes, pénétrer notre moi profond et lui demander ce qui peut donner du sens à la vie en dehors de tous les besoins conditionnés… En somme, c'est tout simplement découvrir ce pour quoi on est fait et ce qu'on sait le mieux faire.

Une fois que l'on a trouvé notre voie et compris ce que l'on veut être et faire, on se voit tout naturellement, animés d'une foi inébranlable qu'importe les circonstances économiques ou la conjoncture en cours, lorsque l'on cesse de se leurrer sur nos chimères et que l'on touche le cœur des choses, on y arrive nécessairement ! Mais pour cela, nous devons partir en exploration au cœur de nos aspirations profondes, au-delà des désirs fabriqués et bien souvent éphémères.

Croire sans le moindre doute, c'est aussi ressentir son vœu comme entièrement exaucé, avant même qu'il ne se réalise dans le monde manifesté. Cela dit, il ne suffit pas de se passer le film de notre scénario réalisé dans notre tête et s'imaginer qu'il sera atteint par ce simple fait. Il faut en vivre toutes les sensations, être en phase avec son désir, s'immerger totalement en lui et en ressentir toutes les attentes pressantes de résultat. En somme, vivre intensément sa réalisation dans le présent.

Bien évidemment, il ne faut pas douter de son issue, et c'est là toute la difficulté. Mais n'est-ce pas justement tout le mystère de la foi ? Cette grâce ne peut arriver que lorsque notre esprit a cessé de se perdre dans des désirs superficiels, fabriqués de toutes pièces par nos croyances ou nos conditionnements. Elle naît d'un esprit libre et aimant.

La foi, c'est percevoir le reflet avant même d'avoir vu la lumière.

ÊTRE LE CRÉATEUR DE SA PROPRE RÉALITÉ

Pensons-nous subir les assauts du destin ou de la fatalité, lutter contre d'obscures forces extérieures ?

Au Moyen-Âge, tout ce qui nous échappait relevait obligatoirement de forces occultes que l'on se plaisait à personnifier sous la forme de Satan ou du Malin. Aujourd'hui encore, certains d'entre nous croient en ces forces ou en un destin implacable qui s'abat sur eux. Nous tombons parfois sous l'emprise de forces obscures, pensant qu'elles viennent spécialement de l'extérieur pour venir nous torturer.

Dans notre monde moderne, la psychologie a levé le voile sur bon nombre de fausses certitudes et de superstitions. L'homme est devenu un peu plus responsable de sa vie, mais de nombreuses croyances demeurent encore et nous avons souvent tendance à chercher des boucs émissaires un peu partout.

Ainsi, à quoi bon avancer si tout est de la faute de la crise, du président, du voisin, du collègue de bureau, de ma mère, de mon père, du curé, de l'amant de ma femme ? À quoi bon se démener et faire preuve de vertu si l'homme est gangrené par ces maux si terribles que sont l'égoïsme, l'avidité, la haine, l'intolérance ?

Lorsque l'on allume la télévision, les journaux nous abondent de faits divers, de conflits locaux, nationaux, internationaux. Le problème est clairement identifié, l'homme est mauvais et la société corrompue ! Le bouc émissaire est tout trouvé, il s'agit de l'autre, toujours lui, même si parfois l'on consent à bien vouloir régler ses propres comptes. Il est donc clairement plus aisé de se décharger sur autrui que de se prendre réellement en main.

Croire que nous ne sommes pas maîtres de nos actes, c'est donner du pouvoir aux autres et aux circonstances qui nous entourent et se couper de notre libre arbitre. Même dans la psychologie moderne, on désigne des coupables.

Ce qui nous arrive n'est que la conséquence de nos agissements, souvent régis par des conditionnements et des croyances négatives inconscientes. Il nous incombe donc de prendre, seuls, l'entière responsabilité de notre vie, il nous appartient de cesser de voir en l'autre l'ennemi, mais de le percevoir plutôt comme le miroir qui reflète chacune de nos contradictions, de fuir ce petit monde que nous avons laissé nous conditionner durant notre plus jeune âge et de tenter enfin, adulte, de raisonner librement pour comprendre que nous sommes les créateurs de notre vie et les seuls architectes de nos joies et de nos peines.

Bien sûr, il existe parfois des traumatismes, mais pour les cas les plus courants et les moins graves, pourquoi rester sur tant de rancœurs ? Pourquoi faire un véritable plan comptable de tous nos désordres psychiques et trouver pour chacun un coupable ? Certes, nos éducateurs ont fortement influencé notre psyché, et alors ? C'est fait, inutile de rester figé sur un sentiment de rancœur ou de regret. Cherchons plutôt des pistes pour pardonner et s'élever, et cessons d'accuser les uns et les autres d'être responsables de notre malheur. Si l'on nous vole notre vélo, ne croyons pas qu'on nous l'a volé à nous personnellement. Le voleur a dérobé un vélo, point ! Le fait que ce soit le nôtre est une autre histoire.

Accuser l'autre de son malheur et se plaindre sans arrêt, c'est injurier la vie, lui interdire de se déployer et de s'exprimer à travers nous. Cessons donc une fois pour toutes cette litanie et choisissons une seule voie : être le responsable et l'unique créateur de notre vie.

Choisissons enfin d'être responsable de nos actes et de la moindre de nos pensées, car n'oublions pas que lorsque l'on pointe un doigt vers l'autre, trois doigts pointent vers soi.

Une vie formatée, validée par la plupart de nos pairs, est une vie réussie. Bonne naissance, bonne éducation, bon travail, bons parents, bons enfants, bonne retraite et si possible, bonne fin. Tout doit être bon, beau ou acceptable du début jusqu'à la fin.

Épictète, lui, n'est pas de cet avis à en croire sa maxime : *« Si tu veux progresser, accepte de passer pour un imbécile ou un dément. »*

Les besoins et les attentes des hommes sont multiples et aussi diversifiés que la nature elle-même. Inutile donc de s'acharner à vouloir mettre tout le monde sur un pied d'égalité. On a déjà vu par le passé les ravages que cela a provoqués. Un sot ne deviendra pas un intellectuel et un intellectuel ne deviendra jamais un inculte. L'un se contentera d'une réussite matérielle, l'autre d'une performance intellectuelle, artistique, spirituelle... Les combinaisons sont infinies.

La diversité doit être acceptée au plus profond de nous. Être soi est la seule chose qui compte. Nul ne doit ressembler à son voisin, encore moins l'imiter, mais seulement s'en inspirer lorsqu'il semble présenter quelque valeur. Il s'agit de trouver sa nature profonde, même si cette dernière est enfouie sous de multiples conditionnements.

Comme le disait Socrate : *«Pour rester fidèle à soi-même en toutes circonstances. »*

Il suffit d'être soi, de découvrir, d'accepter et d'accueillir notre être tel qu'il est.

VIVRE EN CONSCIENCE

« Ce qui ne parvient pas à la conscience revient sous la forme de destin. »
C.G. Jung, *Les racines de la conscience.*

Bon nombre de nos choix, de nos décisions et bien souvent de nos réactions sont dictés par notre inconscient. Faire remonter certains pans de nos conditionnements à notre conscience permet d'éviter des retours de bâton assez sévères. Un état colérique incontrôlé est une action inconsciente. Elle met en place une foule de schémas préétablis durant notre enfance et entretenus durant notre vie d'adulte. Il en va de même pour nos autres émotions. Il ne s'agit pas de vouloir régenter et contrôler chacune d'elles sous prétexte qu'elles surgissent d'une réaction inconsciente, mais plutôt de voir comment nos conditionnements peuvent nous mener vers des choix ou des réactions qui dépassent nos pensées et notre bon sens. Réaliser cela est déjà bien.

Bien entendu, tous nos mécanismes inconscients ne nous portent pas préjudice. Beaucoup de nos gestes quotidiens sont automatiques. Marcher ou conduire un véhicule peut être fait en partie sans y réfléchir vraiment. Fort heureusement, nous ne prenons pas conscience de la pression qu'exerce notre pied à chaque fois que nous appuyons sur la pédale de frein de notre voiture. Cela deviendrait épuisant, car nous serions en perpétuel apprentissage.

Une pratique parfaitement maîtrisée devient donc automatique et faite quasiment de façon inconsciente. Il en va de même pour nos croyances et autres schémas mentaux qui sans cesse joués, se répètent de façon inconsciente et finissent par se manifester par des évènements indésirables.

Sans passer par une psychanalyse sur plusieurs années, quelques petits exercices de vie en conscience peuvent déjà nous aider. Le simple fait d'être observateur de ce que l'on est et de ce que l'on fait peut nous permettre non pas de remonter le fil de nos émotions, mais de vivre de nouvelles sensations. Comme d'accueillir et recevoir les choses telles qu'elles sont ici et maintenant, car vivre en ce lieu, c'est déjà donner moins de forces à nos réactions conditionnées.

CRÉONS-NOUS !

Il s'agit plus de se créer que de se connaître soi-même. Nous sommes en perpétuel changement et nombre de transformations s'opèrent en nous chaque jour. La création nous habite chaque seconde, tant sur les plans physique, mental ou émotionnel. Sans même nous en rendre compte, nous créons les circonstances de notre vie, et de notre propre réalité.

Alors, quitte à être un créateur, autant l'être de manière consciente, et savoir ce qui nous détermine, en pensant et en agissant de façon à ce que notre réalité soit le plus raisonnablement possible en concordance avec nos désirs. Nous avons le choix de notre réalité, mais nous vivons encore sous l'emprise de chimères qui la déforment. Ces mirages sont entretenus par notre vie en communauté qui n'a de cesse de jouer sur les leviers de la peur, de la culpabilité et du ressentiment. Nous sommes libres de ne pas suivre ce modèle à la lettre, et de sortir du lot sans pour autant devenir des contestataires aigris et frustrés.

Nous jouissons d'une liberté exceptionnelle, inconditionnelle, et jusqu'à plus amples informations, nul ne peut pénétrer nos pensées. Sommes-nous conscients de cette liberté dont nous jouissons ? Si oui, nous pouvons créer et bâtir n'importe quel monde, mais soyons sûrs que si ce n'est pas le bon, nous en souffrirons, nous et celles et ceux que nous aurons entraînés à notre suite.

Soyons donc les créateurs de notre propre réalité. Vivons en conscience, aimons, observons, acceptons, soyons attentifs et présents à ce que nous faisons, mais ne tentons pas de bâtir un Éden où, d'un coup de baguette magique, l'on pourrait gommer toute la souffrance du monde. Celle-ci fait partie de notre existence, mais n'a peut-être pas l'importance que l'on veut bien lui donner. Ayons simplement un regard averti sur cette souffrance qui résulte de l'impermanence et de la transformation incessante des choses.

ET L'AMOUR DANS TOUT ÇA ?

Aime et fais ce que Tu veux.
Si Tu Te tais, tais-Toi par Amour,
Si Tu parles, parle par Amour,
Si Tu corriges, corrige par Amour,
Si Tu pardonnes, pardonne par Amour.
Aie au fond du cœur la Racine de l'Amour :
De cette racine, de mauvais rien ne peut sortir.
Augustin de Thagaste

On ne peut pas aborder les notions de bien-être et de bonheur sans parler de l'amour. Il est l'essence même de la vie, même si nous humains, essayons de le limiter à notre seule compréhension mentale ou émotionnelle. Il interagit à plusieurs niveaux sous des formes parfois très subtiles dans le monde manifesté… mais avant de parler de l'amour, parlons d'abord du désamour.

L'émotionnel et le mental de chacun ne s'accommodent pas bien d'une vision trop étendue de l'amour. L'ego n'y trouve pas son compte et préfère tout fragmenter en petites portions. J'aime un peu ici et là, mais je me donne surtout le droit de ne pas aimer, voire même de haïr.

Ne pas aimer est chose courante et pas mauvaise en soi ; on ne peut pas tout aimer béatement sans rien contester. Détester ou haïr est différent. Le ressentiment n'est rien d'autre qu'un problème éveillé le plus souvent par la peur que l'on doit régler avec soi-même. Nous ne sommes pas obligés d'éprouver de la rancœur pour quelque chose ou quelqu'un. Il suffit simplement de comprendre que des peurs en sont à l'origine. Reste à comprendre ces dernières et à prendre une décision. Nous avons toujours le choix.

AIMER OU AVOIR PEUR

Il y a mille raisons de ne pas aimer, mais il n'y a qu'un seul obstacle à l'amour : la peur. Notre être est régi par deux motivations : l'amour et la peur. L'un exclut l'autre et les deux ne peuvent cohabiter. En l'absence d'amour, ce que nous sommes ou faisons n'est géré que par l'angoisse, celle d'aimer, de ne pas être aimé, de ne pas savoir, de ne pas être à la hauteur, de déplaire... et à la racine de tout cela, celle de manquer et donc de souffrir.

Nous avons donc le choix : soit on choisit d'aimer, soit on choisit d'avoir peur. Il ne peut pas y avoir de demi-mesure. La peur ne peut laisser place à l'amour car le véritable amour ne peut s'y exprimer. Dès qu'il y a peur, il y a forcément absence d'amour. Nos peurs nous rabougrissent, nous confinent dans un univers où tout est matière à division, fragmentation, conflit, opposition. L'unité de l'être ne peut y exister. Lorsque nous avons peur, nous disons « non » à la vie, nous refusons qu'elle se déploie en nous. C'est un manque de confiance que nous lui portons.

L'être aimant, quant à lui, ne s'oppose à rien. Il embrasse les évènements et se nourrit de chaque instant de son existence. Il se contente d'un rien pour aimer, car il a compris que l'amour ne se déploie pas seulement qu'à travers les sentiments que l'on peut porter à son prochain, mais au cœur de toutes les situations qu'il vit.

L'on peut aimer en faisant la vaisselle, en prenant son petit-déjeuner ou simplement en mettant un pied devant l'autre. Accueillir, s'abandonner à la vie, bref, se sentir vivre, c'est tout simplement cela l'amour.

La peur ne peut donc cohabiter avec l'amour et tant que nous sentirons l'étreinte de l'angoisse, du doute et de la crainte, nous ne pourrons vivre en amour avec les autres et avec la vie.

AMOUR ET VIDE INTÉRIEUR

L'amour que nous pensons éprouver répond trop souvent à un manque que l'on veut combler et prend parfois des airs de mendicité. On quémande trop souvent l'amour de son prochain en jouant un rôle qui permettra de le conquérir. En fait, nos relations sont un jeu de séduction et de manipulation. On essaye d'offrir à l'autre l'image qu'il voudrait avoir de nous, mais ce reflet ne correspond pas toujours à ce que nous sommes réellement. Même la plus spontanée et la plus entière des personnes tiendra compte de celle ou de celui qu'elle a en face d'elle pour s'adapter. On appelle cela le tact ou la diplomatie. Ce n'est pas de l'amour, mais de l'adaptation, car l'on cherche à être aimé avant d'aimer.

Sur un plan plus profond, l'amour ne doit pas répondre à un manque, mais être l'expression d'une âme déjà comblée. Il doit non pas obéir à un état d'esprit, mais à un état de conscience.

Ainsi, à l'affirmation : « Je t'aime » nous devons nous poser la question suivante : Es-tu là pour accueillir mon amour ou simplement pour combler mon propre vide ?

Si mon cœur est vide et que ma vie n'a pas de sens, comment puis-je aimer ou me faire aimer ? Si je suis déjà comblé, la question n'a même pas lieu d'être. Je n'ai pas besoin d'aimer l'un en particulier et pas l'autre, j'aime tout naturellement. Alors, comment peut-on être comblé ? En s'aimant soi-même, tout simplement. Bien au-delà du narcissisme, l'amour et le respect de soi sont à la base de tout. Il ne s'agit pas de flatter notre ego, mais de ressentir notre unité tout en vivant notre interdépendance avec ce qu'il y a autour de nous, de toucher notre âme pour en percevoir le reflet.

Être comblé signifie ne plus avoir la moindre raison d'éprouver de la haine ou du ressentiment envers quiconque. Personne ne pourra m'ôter l'amour que j'ai en moi, que j'éprouve pour moi, pour les autres et pour la vie, pas même celui qui tentera de me trucider. On appelle cela l'amour inconditionnel, celui qui régit, non pas « notre » monde, mais « le » monde et chaque particule de l'univers.

L'amour naît de la simple observation, il ne se commente pas. Il est bien plus qu'un délicieux moment soumis à mille émotions, il est un état de conscience. Il s'accommode de tout, se suffit à lui-même et demeure éternellement lorsqu'il a enfin trouvé place dans un esprit apaisé. L'amour échappe à l'affect, ce miroir aux alouettes, qui n'a de cesse de nous détourner par la dualité d'être « affecté » ou « en affection ».

« J'aime » et « je déteste » ne peuvent cohabiter, car on ne peut être capable de vivre véritablement l'amour si l'on est tout aussi capable de haine.

L'amour embrasse le monde sans choix ni préférences. Il s'impose de lui-même. Il n'est pas un élan passionnel, car il est hors de l'affect et de l'intellect. Il ne se commande pas, ne se dicte pas. Il jaillit simplement lorsqu'il trouve enfin sa place, hors de tout ressentiment et agitation mentale. Alors, libre, il s'enflamme comme une allumette et embrase notre cœur et tout notre être. Non pas de ce feu passionnel destiné à devenir cendres, mais d'un soleil qui jamais ne s'éteint. Il nous enveloppe alors d'un immense bien-être. Le temps s'évapore et l'espace que l'on occupe inspire à grandes bouffées les parfums de l'univers. Notre environnement s'offre à nos yeux sous ses plus belles formes. Le temps se met entre parenthèses et se livre à l'éternité. La réalité se fait jour et naît de la simple observation.

Hors de toute conceptualisation, j'observe donc je suis, donc j'aime. Je reçois les choses dans leur immuable vérité.

Ainsi, l'altruisme ne se perd plus dans un abîme de fausses vertus. Le don cesse de se noyer dans un océan de moralité et de culpabilité. L'amour de soi ne s'apparente plus à du narcissisme et offrir de l'amour n'est plus mendicité maquillée. Pour arriver à cela, peut-être faudrait-il commencer par savoir s'offrir avant de vouloir donner, car on ne peut donner que ce que l'on a déjà et réellement offrir que si l'on est déjà comblé.

L'amour est plus beau que notre esprit. Nul ne sait qui le nourrit, mais il est là et se situe sur tous les plans, au niveau de l'homme, mais aussi de l'animal, du végétal et de la moindre particule atomique qui anime ce monde. L'univers est conscience et la conscience est amour. C'est de cet amour qu'il faut parler et c'est celui que l'on doit faire vivre en nous. Certes, le chemin est encore très long, mais si nous le voulons vraiment, chacun de nos pas nous en rapprochera.

QUELQUES SUJETS DE MÉDITATION

DÉVELOPPEMENT PERSONNEL OU DÉPOUILLEMENT PERSONNEL ?

« Pour avoir de la connaissance,
ajouter des choses chaque jour.
Pour avoir de la sagesse,
enlever des choses chaque jour. »
Tao Te King

Croître consiste généralement à développer ou à acquérir des qualités que l'on n'a pas forcément au départ. Le but est donc de se doter de tous les outils et de toutes les connaissances nécessaires pour se développer, tant extérieurement qu'intérieurement.

Et si nous abordions le sujet sous un autre angle, voire même dans le sens inverse ? Partir du constat que tout est déjà acquis, mais que la difficulté majeure est de pouvoir y accéder. On ne parlerait plus alors de développement, mais de dépouillement. De dépouillement personnel plutôt que de développement personnel.

Il nous est offert une multitude de techniques pour accéder à l'éveil spirituel : la prière, la méditation, le yoga, les mantras et toute sorte de rituels. Tout cela est certainement bon, mais peut être aussi réduit à un vernis spirituel si nous sommes surchargés de peines, de peurs et d'angoisses.

Certaines pratiques peuvent nous purifier partiellement, mais très rarement nous donner accès à une certaine forme d'éveil. Nous pouvons nous considérer comme des êtres spirituels, aimer la terre entière et ne pas pouvoir supporter notre voisin, ou sortir de nos gonds lorsqu'un chauffard nous souffle la priorité. Dans la plupart des cas, avant de se perdre dans toute sorte d'enseignements et de rituels, il est d'abord souhaitable d'accueillir le bon, mais surtout le moins bon et le très mauvais.

Cette phase de dépouillement commence par la reconnaissance entière de ce que nous sommes, des êtres névrosés, conditionnés par notre entourage et notre passé, des âmes blessées par une éducation défaillante qui ont construit des années durant un véritable mur de protection.

Des peurs, des refoulements, des pans entiers de ressentis occultés nous habitent et conditionnent chaque instant de notre vie. Chaque évènement heureux ou malheureux est vécu en fonction du schéma intérieur que nous avons longuement tissé en nous. Nous ne vivons plus en conscience, mais sans arrêt dans la réaction. Ne serait-ce pas par là que nous devrions commencer, avant d'essayer de lorgner vers le divin par des expériences mystiques diverses ?

La démarche est simple, mais diablement dérangeante. S'arrêter de temps en temps et accueillir ce qui vit en nous, à savoir les joies, mais surtout les déceptions, les angoisses, les peurs, n'est pas si simple.

Recevoir l'émotion telle qu'elle se présente en l'instant, c'est la sentir dans son corps à travers ses différentes manifestations et la reconnaître pour ce qu'elle est. C'est vivre en conscience cette boule au ventre, cette tension à la nuque, cette gorge serrée, lui donner de l'espace pour qu'elle s'exprime sans l'occulter ou la combattre, ce que nous faisons habituellement.

C'est ensuite séparer cette sensation du flot de pensées, de cette capacité qu'a notre mental à surcharger les choses. Inutile de rajouter de la souffrance à la douleur première. Il s'agit simplement de recevoir la sensation, le ressenti de cette peine, et accueillir notre souffrance pour mieux la dissoudre. À la limite, peu importe de connaître l'origine de nos maux. Tenter de comprendre que cela vient de notre relation avec notre père, notre mère ou de tels autres évènements traumatisants ne fait intervenir que notre mental et notre ego, qui ne sont pas d'une grande utilité dans ce domaine.

En reconnaissant que notre corps émotionnel souffrait, notre structure psychique n'avait pas d'autres options que d'ériger une forteresse. Nous n'avions d'autres choix que de nous protéger durant notre enfance. Le simple fait de réaliser cela permet de retrouver l'enfant qui est en nous et d'accueillir sous un nouvel œil et avec compassion nos émotions.

Cette démarche nécessite une attention de tous les instants et d'une volonté farouche d'accepter de se voir tel que l'on est et dans les recoins les plus intimes de notre personnalité. Voilà pourquoi le développement personnel commence d'abord par le dépouillement personnel.

UNE JOURNÉE DE PURE POTENTIALITÉ

« Chacun devance sa propre vie ; il se tourmente par désir de l'avenir et par dégoût du présent. Mais celui-ci qui met son temps tout entier à son service, qui organise toutes ses journées comme une vie entière, ne souhaite ni ne craint le lendemain. »
Sénèque, *De la brièveté de la vie.*

Le soir, dans votre lit, avant de vous endormir, faites-vous le point sur la journée écoulée ? Non pas faire un état comptable de vos réussites et de vos échecs du jour, de vos joies et de vos peines, mais simplement un retour en arrière sur les évènements passés. Par ce simple constat, vous prendriez conscience du formidable potentiel que peut recéler une journée, et de toute la magie qui a pu s'opérer en seulement quelques heures. Une fois cela fait, vous vous réjouiriez à l'avance de la journée à suivre, de son lot de surprises, de joie, de contrariétés et de ces nouveaux états de conscience à venir.

Tout cela peut paraître naïf, et pourtant, à y regarder de plus près, une simple journée contient en soi un formidable processus de création, et c'est dans cet élan de créativité que nous offre la vie que nous pouvons mettre en lumière la nôtre propre.

Même si l'on croit vivre jour après jour une affreuse routine, dans notre travail, nos tâches domestiques, peut-être même avec notre conjoint, force est de constater qu'aucune journée ne se ressemble. Notre corps se transforme, nos pensées, nos états d'âme changent, les évènements surgissent et si l'on y prête vraiment attention dans le simple moment présent, l'on risque à coup sûr de tomber amoureux de la vie en constatant toute sa richesse.

Bien sûr, certains rétorqueront qu'elle n'est pas toujours rose et que les journées sont bien trop souvent parsemées d'écueils et d'évènement désagréables. Certes, mais être conscient de ce vaste champ de potentialité qui ne nous appartient qu'en partie, peut être la source d'un constant émerveillement. Il peut aussi nous aider à observer un sage recul sur les évènements.

Remarquer avec tranquillité que le moral d'hier était bien meilleur que celui d'aujourd'hui, ou vice versa, c'est prendre acte que la vie est perpétuel changement et impermanence. C'est aussi accepter nos faiblesses qui nous cantonnent dans des états de conscience médiocres, et, pour le coup, nous apercevoir qu'il y a des choses à corriger dans notre façon d'être et de penser.

Pour accepter ces changements malheureux, il est intéressant de se pencher sur nos états de conscience journaliers. Rares sont ceux qui peuvent faire preuve d'une parfaite équanimité dans leurs humeurs. Aujourd'hui nous allons nous lever du bon pied, vaquer à nos occupations avec entrain et voir la vie en rose. Demain, et sans même qu'un évènement particulièrement fâcheux ne vienne nous contrarier, nous ne vivons plus dans le même état d'esprit. On pourra trouver toutes les raisons possibles à cela : le temps, la remarque du voisin, la mauvaise nuit passée, etc. Il n'en demeure pas moins que les journées se suivent et ne se ressemblent pas.

Alors, pour être heureux, vivons la vie comme un jeu. Levons-nous le matin conscients de l'extraordinaire gamme de potentialité qui s'offre à nous en une seule journée. Vivons dans le présent et en pleine conscience les différents évènements qui vont jalonner cette journée.

Couchons-nous le soir en faisant une brève rétrospective de la journée passée. Cela nous évitera de vivre du matin au soir en mode automatique, emporté dans le tumulte de notre vie active. Alors, nous verrons que les choses ont un sens qui se cache dans chaque particule évènementielle d'une journée, bonne ou mauvaise.

Prendre conscience que la vie est un formidable terrain de jeu et d'apprentissage, un vaste univers de potentialité et s'y engager à fond, c'est précisément cela être heureux.

Ainsi, une journée réussie pourrait se présenter ainsi :

* *Je me lève, déjeune et laisse mon corps s'éveiller doucement. Je règle les affaires courantes, devoirs, obligations, et je planifie si nécessaire.*

* *Des corvées dites matérielles, j'en fais un moyen de méditation. Je balaie, astique et fais la vaisselle en toute conscience, en me rappelant que souvent, le plus important dans une vie n'est pas de faire de grandes choses, mais d'être heureux en faisant des choses simples.*

* *Je vais à mon travail dans la douce certitude que j'aime ce que je fais et que je fais ce que j'aime. Si ce n'est pas le cas, j'applique les préceptes cités précédemment. Si ce n'est toujours pas le cas, je mets tout en œuvre pour que ma vie professionnelle soit satisfaisante.*

* *J'offre de mon temps à mes proches. Je vaque à quelques occupations et loisirs habituels dont moi seul ai fait le choix.*

* *Il me reste encore du temps. Ces instants sont à moi et je les saisis immédiatement. Je peux m'adonner à mes loisirs préférés, mais je ne me crois pas obligé de faire mille activités pour me sentir exister.*

* *J'accorde du temps au temps. Je ne me projette pas dans les journées, les semaines ou les mois à venir. Je guette et surprends chaque instant de projections inutiles.*

* *Je les laisse passer et reviens immédiatement au présent. Je prends possession de l'instant et suis tout entier à ce que je fais. J'apprends à ne rien faire, à cultiver le vide et le silence – il reste toujours un*

moment de libre pour cela. Je me baigne dans ce silence et retrouve ma véritable nature. Enfin, je me rappelle qu'une vie est remplie de journées et j'aborde chacune d'elles à l'image d'une vie.

SE LAISSER PORTER

« Au pied d'une chute d'eau, un petit vieux saute dans l'eau à l'endroit où les remous sont les plus intenses. Quelqu'un le voit : c'est un suicide ! Pas du tout, il aboutit sur une petite plage de sable juste un peu plus loin.

Le témoin lui dit :

« C'est extraordinaire, vous n'avez pas l'air d'un jeune athlète et pourtant vous êtes un nageur exceptionnel ! »

Le petit vieux répond :

« Non, je ne sais pas nager. Je me suis simplement aperçu que si je lance un morceau de bois dans l'eau à cet endroit précis, le courant l'amène nécessairement sur la rive. Donc je saute, je me laisse emporter et j'arrive sur le sable, c'est tout. »

Cette petite histoire chinoise nous invite à réfléchir sur notre tendance à toujours vouloir résister aux évènements. Pourtant, se laisser porter est souvent plus salutaire que de lutter contre ce que l'on croit être le sort qui s'acharne sur nous. Si l'on est bien aligné avec la vie, l'on a de grandes chances, tout en se laissant porter, d'atteindre le bon rivage.

Mais alors, qu'est-ce qu'être bien aligné avec la vie ?

C'est tout simplement accepter ce qui est, et cesser de tout vouloir contrôler. Une phrase résume assez bien cet état d'esprit : *« Si tu as un problème et qu'il existe une solution, pourquoi te faire du souci ? Et si tu as un problème et qu'il n'existe pas de solution, pourquoi t'en soucier ? »*

Être bien aligné avec la vie, c'est d'abord lui faire honneur. Se lever le matin enthousiasmé par une nouvelle journée qui va commencer, en prenant conscience du formidable jeu de potentialité qui s'offre à nous, des multiples choix que l'on peut faire, des nombreuses possibilités qui nous sont offertes, de notre créativité qui ne demande qu'à s'exprimer, des différents niveaux de conscience que l'on peut vivre. C'est aussi se coucher le soir, conscient et reconnaissant de tout ce que l'on a reçu et vécu durant une seule journée.

En somme, être aligné, c'est simplement vivre en conscience, libre de ses peurs et de ses conditionnements, aimer ce que l'on fait, laisser faire notre être intérieur et être le capitaine de son propre navire tout en acceptant de ne pas tout maîtriser.

Certains diront que tout cela n'est que théorie et bonne parole. Certes, le raisonnement peut paraître bien simple, mais la vie l'est en elle-même et nous avons tous l'art de nous la compliquer en cherchant à la comprendre. L'enthousiasme, la joie et l'amour sont des choses simples qui consistent à ouvrir naturellement sa conscience à ce qui est, et non pas à ce qui devrait être, pour recevoir en l'instant, dans chaque particule d'existence, ce formidable élan de générosité qu'est la vie.

Cet optimisme ne doit pas être contraint car il est notre état naturel si nous voulons bien au préalable nous débarrasser de nos peurs, de nos conditionnements et de nos croyances. Avant de dénicher cette joie dans chaque geste de notre quotidien, on peut déjà commencer à la chercher dans une marche dans la forêt, dans l'observation tranquille du ciel ou assis simplement au calme dans son salon. Le tout est de se donner le pouvoir de goûter véritablement à la vie en stoppant de temps à autre notre flux d'activité pour prendre le temps de s'arrêter et de poser sa conscience sur les choses.

On s'apercevra alors qu'au-delà de la vivre, c'est la vie qui nous porte et, pour peu qu'on daigne parfois la laisser faire, nous mènera aux plus beaux des rivages.

LA VIE ME VIT !

« L'instant présent est le terrain de jeu où la vie se joue. En effet, elle ne peut se jouer nulle part ailleurs. Une fois que vous avez fait la paix avec l'instant présent, observez ce qui se produit, ce que vous pouvez choisir de faire, ou plutôt ce que la vie fait en vous. Le secret de l'art de vivre, du succès et du bonheur se résume à cinq mots : Faire un avec la vie c'est faire un avec le moment présent.
À ce moment-là, vous réalisez que ce n'est pas vous qui vivez votre vie, mais la vie qui vous vit. La vie est le danseur, et vous la danse. »
Eckhart Tolle, *Nouvelle Terre*

Nous avons communément l'habitude entre proches de nous souhaiter le plus grand bonheur possible. Pour cela, nous invitons notre prochain à aimer la vie, bref, à être heureux. « Aime la vie, aime-toi, aime-le, aime ceci, cela... »

S'aimer soi-même et son prochain est à la base de toute harmonie, et c'est aussi ce que nous dicte toute morale, religieuse, ou pas. Mais ne pourrions-nous pas aussi nous laisser aimer ? Bien sûr par nos proches ou quiconque, mais aussi par la vie, cette chorégraphe. Sentir cet amour qui plane au-dessus de nous comme un voile bienveillant, c'est un peu comme croire qu'un ange veille sur nous. Certains verront là un moyen bien commode de se rassurer à peu de frais face à toutes nos incertitudes et nos peurs. Pourtant, pouvoir compter sur cette conscience de la vie et cette confiance que l'on peut avoir en elle, bien au-delà de toutes les espérances que l'on peut nourrir dans notre quotidien, une conviction qu'il y a vraiment quelque chose de très bon qui plane au-dessus de nous.

Lâcher prise, se laisser porter et aimer par la vie, n'est-ce pas là la meilleure façon et de bien la vivre ?

DU TRAVAIL ET DE L'OISIVETÉ

Dans l'Antiquité on parlait de l'otium, le temps durant lequel une personne profitait du repos pour s'adonner à la méditation et au loisir studieux. Il s'agissait là d'un espace de tranquillité pour l'esprit, en opposition avec le travail et qui n'avait rien à voir avec le loisir qui, lui, était un flot d'occupation, d'agitation et de planification. Sénèque, Montaigne ou Nietzsche en étaient de fervents défenseurs.

Confucius voyait le travail comme une chose secondaire. Le christianisme, quant à lui, n'encourageait pas à la paresse tandis que le bourgeois du siècle des Lumières faisait travailler les autres, mais se gardait bien de se mettre au labeur. Aux dix-neuvième et vingtième siècles, le travail émancipe l'homme et la femme. Il ne cesse de prendre de la valeur, tant sur le plan de la productivité que dans la place qu'il prend dans les esprits, mais aussi dans sa valeur éthique.

Au vingt et unième siècle, nous déléguons le travail aux ordinateurs et aux robots, mais nous ne sommes pas pour autant soulagés. Malgré les progrès en matière de technologie et d'acquis sociaux, le monde va de plus en plus vite. Tout espace doit être rempli, soit par le travail, soit par le loisir. Aujourd'hui, pour être heureux et jouir de l'existence, il faut consommer, et pour consommer et se distraire, il faut produire, donc travailler.

De nos jours, le travail est plus qu'un labeur obligatoire. Il hiérarchise l'homme en strates, le découpe en fines tranches pour former un gâteau commun. De l'ouvrier à l'entrepreneur, en passant par le cadre dirigeant, l'homme doit tenir son rang et tant qu'il a du travail, il conserve son honneur. Hormis son aspect indispensable pour notre survie, le travail est devenu une idéologie. Un bon emploi valorise l'homme, un mauvais le renvoie aux classes sociales inférieures. Cependant, il y a autant de fierté dans l'esprit d'un ouvrier que dans celui d'un cadre, mais l'ego se plaît à classifier les gens et à tenir un rang qui va nourrir son orgueil et sa représentation en société.

Qu'est-il devenu de l'otium de nos illustres Grecs, de cette aire de tranquillité où l'on pouvait s'adonner au repos, à la méditation et à l'observation tranquille des choses ?

En dehors du travail qui sert à nous épanouir mais surtout à satisfaire nos besoins premiers, voire secondaires, et à financer nos loisirs, ne peut-on s'allouer quelque espace démuni de toute productivité, de toute activité débordante ? Est-il si difficile de trouver une zone libre où l'imaginaire, la simple observation des choses, la sieste, le relâchement, la méditation, l'art de ne rien faire sans se sentir coupable, deviendraient une de nos « activités » ?

D'ESPRIT SIMPLE

L'autre jour, j'étais en train de faire une marche dans la forêt, sous un beau soleil de printemps. Au détour de ma promenade, je croisai alors sur mon chemin une jeune femme qui sautillait et semblait bien heureuse. Alors que j'arrivai à hauteur d'elle, elle m'accosta avec une grande spontanéité :

— Bienvenue sur cette merveilleuse planète ! me dit-elle sur un ton chantant.

Je restai interloqué et presque gêné. À peine avais-je eu le temps de la remercier qu'elle enchaîna avec un grand sourire et me dit :

— S'il vous plaît, pourriez-vous m'indiquer le chemin qui y mène ?

Dans l'impossibilité de répondre à une telle question, je me sentis bien bête.

Au premier regard échangé, j'avais cru déceler en cette personne ce que nous « gens normaux » nommons « déficients mentaux » et je mis cette joie et cette spontanéité sur le compte de cet état si particulier.

Plus tard, reprenant ma marche avec recueillement, je regrettais amèrement de ne pas avoir joué le jeu avec cette jeune femme pour rentrer dans son monde et m'ouvrir à la discussion. Une phrase de Jésus me revenait alors régulièrement à l'esprit : *« Heureux les simples d'esprit, ils iront tous au paradis... »*

CHERCHER LA VÉRITÉ EST GRATIFIANT. LA TROUVER NE L'EST PLUS

L'ego se niche dans notre vie spirituelle.

On nous avait pourtant bien dit que les chemins de la sagesse étaient la meilleure direction à prendre pour ne pas le croiser. Pas du tout ! Il nous suit de près, où que l'on aille, quoi que l'on fasse !

Il est là, à longueur de journée, dans nos activités, nos réussites et nos échecs. Il s'introduit même dans nos sources d'inspiration, nos méditations, et se régale de nos contentements spirituels.

Mais, tant qu'il sera là, il n'y aura pas de parfait accomplissement. Devons-nous alors renoncer aux quelques gratifications qu'il nous procure quand nous pensons avancer dans notre quête, ou faut-il qu'on le dissolve dans un océan de sagesse jusqu'à l'anéantissement complet de notre personnalité alors que le monde entier glorifie l'ego, et qu'un manque de personnalité ne serait pas des plus apprécié ! Que le monde penserait-il d'une telle liquéfaction de l'esprit ?

Cependant que nous aurons un peu d'ego, notre quête de sagesse nous fera grincer des dents. En revanche, lorsque nous aurons plus, le regard des autres ne nous importera plus. Nous serons alors au cœur de l'observation, emportés par la vie. Nos joies et nos peines ne seront plus source de querelles, et notre moi égotique s'anéantira de lui-même.

Chercher la vérité est gratifiant. La trouver ne l'est plus.

LA DISSOLUTION

L'amour dit : « Je suis toute chose »
La sagesse dit : « je ne suis rien »
Entre les deux, ma vie coule.
Nisargadatta Maharaj

Connaissez-vous la dissolution de l'esprit ou plus précisément du mental ? Ce moment si particulier où lors d'un moment de méditation ou de lâcher-prise profond, le mental ayant enfin lâché son affaire, l'esprit se délite et semble se dissoudre dans l'espace qui l'entoure.

C'est une sensation très particulière que l'on ne peut pas analyser, puisqu'en l'instant où cela se produit, il n'y a personne pour en parler ou en faire l'analyse. Le mental étant absent, l'ego se désintégrant, l'être que nous sommes se dissout alors avec tout le reste.

Il m'arrive parfois de faire l'expérience de cet état si particulier lors de mes balades en forêt ou de mes méditations. Au bout d'un certain temps de marche tranquille, mon mental se tait et laisse place à ce que je pourrais dire... RIEN. Oui, ce rien où il y a tout. L'essence même de l'être, où il n'y a ni observateur ni observé ni raisonnement ni esprit critique, mais simplement la conscience d'être, sans autres artifices.

En ces moments de grâce, lors de mes promenades, les arbres s'offrent à mon regard sans forme particulière. Plus rien ne peut être nommé et encore moins analysé. Je ne suis plus Marc marchant dans la forêt, mais l'être qui est marché, respiré et embarqué dans la vie.

Cet état ne peut être décrit puisqu'il ne s'y passe « rien ». Tout juste peut-on dire après coup que c'est extrêmement agéable, car il n'y a personne sur le moment pour le commenter. En réalité, il n'y a que l'amour, découlant naturellement de ce qui est ici et maintenant.

Cet état de conscience ne s'ordonne pas. Personne ne peut le commander, pas même le plus méritant des méditants. On ne peut qu'espérer qu'il vienne et l'accueillir lorsqu'il se présente. Encore faut-il lui laisser l'espace pour qu'il puisse se manifester, à savoir le silence, le calme et la détente mentale.

Les conséquences d'une telle expérience sont parfois gênantes, car dès que l'on a découvert cet endroit, on veut y revenir et c'est là précisément que l'ego s'approprie le projet. Il va mettre tout en œuvre avec ses outils habituels comme la pensée, la réflexion, l'intention ou la volonté. Or, cet état de félicité ne se domestique pas avec ce genre de qualités, si utiles soient-elles dans notre quotidien. Par ailleurs, ces ouvertures de conscience, si on peut les nommer ainsi, ne sont que très rarement permanentes chez nous, sauf si nous sommes parfaitement éveillés. Il nous faut alors accepter de ne les vivre que temporairement et assumer que notre esprit retombe régulièrement dans le quotidien où le mental est roi. Cependant, il n'y a rien de mal à cela. L'univers de tous les jours est régi par notre réflexion. Nos pensées et nos images mentales font aussi partie de notre vie. Mais lorsque l'on a vécu de telles expériences, si courtes soient-elles dans la durée, on aborde le quotidien différemment. On ajoute de la conscience à la conscience. On accueille les choses d'une autre manière, car l'avant-plan, notre mental, se laisse peu à peu rejoindre par l'arrière-plan, notre nature profonde.

L'essentiel est d'avoir ouvert la voie. Pour le reste, nous faisons avec les moyens que nous avons, en veillant à accueillir tout ce que nous sommes et représentons, le bon comme le moins bon, parfois mêle le pire. Alors, cette dualité pourra être vécue différemment, à l'aune de cet arrière-plan qui observe avec recul et qui parfois nous plonge dans la félicité.

L'ÊTRE DERRIÈRE LE MASQUE

« Il y a très, très longtemps, lorsque les êtres humains n'étaient pas incarnés dans leur corps physique comme ils le sont aujourd'hui, un homme (ou était-ce une femme ?) avait fabriqué un masque merveilleux, un masque qui pouvait avoir plusieurs visages.

Cet homme avait l'habitude de mettre son masque et de s'amuser en accostant soudainement les passants et en observant leurs réactions. Parfois le masque souriait, parfois il pleurait, parfois même, il grimaçait et se renfrognait. Ses victimes étaient toujours choquées à la vue de ce visage tellement extraordinaire, étrange et si peu naturel. Mais que ces personnes rient ou pleurent était sans importance pour notre homme. Tout ce qu'il voulait, c'était l'excitation due à leurs réactions. Il savait bien que c'était lui derrière le masque. Il savait que le farceur, c'était lui et que la farce était à leurs dépens.

Au début, il sortait avec le masque deux fois par jour. Puis, s'habituant à l'excitation que lui procurait cette activité, il commença à le porter toute la journée. Finalement, il n'éprouva plus le besoin de l'enlever et le garda pour dormir.

Durant des années, l'homme parcourut le pays en s'amusant derrière son masque. Puis un jour, il s'éveilla avec une sensation qu'il n'avait jamais ressentie auparavant, il se sentait seul, divisé, en proie au manque.

Bouleversé, il bondit hors de chez lui pour se trouver face à une très belle femme dont il tomba immédiatement amoureux. Mais la femme cria et s'enfuit, choquée par ce visage étrange et effrayant.

"Arrêtez-vous, ce n'est pas moi ! " cria-t-il en tordant son masque pour l'arracher. Mais c'était lui. Impossible de détacher le masque. Il était collé à sa peau. Il était devenu son visage.

Cet homme, avec son masque fabuleux, fut la première personne à entrer dans ce monde malheureux.

Le temps passa. Malgré sa ténacité et les efforts qu'il déploya pour annoncer à tous le désastre qu'il s'était infligé, personne n'était prêt à le croire, d'autant plus que personne n'était intéressé à l'écouter, puisque tout le monde l'avait imité. Tous avaient mis leur propre masque afin de connaître eux aussi la nouvelle excitation de jouer à être ce qu'ils n'étaient pas. Comme lui, ils étaient tous devenus le masque.

Mais désormais quelque chose de pire était arrivé. Non seulement ils avaient oublié la farce et le farceur, mais aussi la façon de vivre joyeusement, en tant qu'être sans masque. »

(Extrait tiré de l'ouvrage de Barry Long, *Seule meurt la peur,* Les Éditions du Relié)

Cette fable invite chacun de nous à prendre conscience de la mascarade à laquelle il se livre. Quel rôle jouons-nous avec notre entourage ? Montrons-nous notre vraie nature ou un maquillage permanent de nous-mêmes ? Qui se cache derrière ce masque ?

Lorsque nous nous trouvons en face de quelqu'un, nous ne montrons que peu de nous-même et préférons rentrer dans un jeu de séduction et de manipulation. Qu'est-ce en effet que la séduction sinon de la manipulation en voulant montrer à l'autre une seule facette de notre être ou parfois même la créer.

Nous nous mentons à un tel point que l'on finit par croire ce que nous montrons, c'est-à-dire cette couche de vernis que nous avons étalée sur notre âme afin de masquer nos faiblesses et de répondre à notre besoin.

Lorsque nous dialoguons, nous séduisons et faisons preuve de trésors d'imagination pour ne pas montrer notre vraie nature. Mais qui sommes-nous ?

A priori des êtres en proie à des faiblesses bien humaines, assiégés par nos peurs, nos ressentiments, nos conditionnements, nos a priori, nos jalousies....

Certes, à défaut d'aller un peu plus loin en nous, nous ne verrons qu'un tas d'immondices, mais si nous voulons bien creuser un peu plus, nous pouvons découvrir toute autre chose, une nature innocente, joyeuse, aimante, un espace bienheureux, mais masqué par un esprit fragmenté et un ego qui

Prendre conscience de ce masque est déjà une première forme d'honnêteté. C'est oser regarder en face ces faiblesses et ces conditionnements qui font de nous des acteurs de théâtre, plutôt que des êtres vivants. C'est ne plus s'attacher au paraître, à la flatterie ou à la moquerie, c'est vivre en toute authenticité mais encore faut-il pour cela avoir une idée exacte de ce qu'il y a derrière le masque.

LE GLAND ET LA CHENILLE

Est-ce qu'une chenille peut voler ?

Non, pour cela, elle doit d'abord se transformer en papillon.

Est-ce qu'un gland peut atteindre vingt mètres de hauteur ?

Non, un gland doit d'abord se transformer en chêne pour pouvoir s'élancer vers le ciel.

Sur le plan humain, pensons-nous pouvoir véritablement changer en devenant plus que ce que l'on est en ce moment même ? Non, nous devons nous transformer radicalement, nous métamorphoser.

Pour devenir papillon, la chenille ne doit pas devenir plus chenille ou grandir en tant que telle pas plus que le gland ne doit pas devenir le plus beau des glands pour devenir chêne. Tous deux doivent vivre une transformation radicale.

Il en est de même pour nous. Nous ne serons jamais parfaitement accomplis si nous devenons simplement plus beaux, plus intelligents, plus riches ou plus séduisants, bref, plus que ce que nous sommes en ce moment et que ce que nous convoitons. Nous ne serons vraiment libérés que lorsque nous nous serons métamorphosés.

Cela passe par une transformation intérieure et une véritable révolution dans notre système de pensées et de valeurs, par une nouvelle identification et de nouveaux repères qui ne reposent plus sur l'ego, mais sur l'être intérieur, celui qui, à l'arrière-plan de notre mental, gouverne chacune de nos cellules et partage l'amour sans condition. L'accès à cette présence qui nous donne cet indescriptible sentiment de paix lorsque l'on veut bien l'accueillir, passe par la désintégration de l'ego et la fin de tout attachement à ce qui nous entoure et nous traverse. En somme, c'est procéder à la destruction de notre personnalité.

Nous y sommes très attachés car malheureusement elle est notre identité dans notre société, et nous avons mis tant de temps à la bâtir que nous ne voulons pas la lâcher même si nous n'en sommes pas particulièrement fiers. Nous peinons même à admettre que nous l'avons construite sur une foule de peines, de peurs et de rancœurs, formant ainsi un édifice bien bancal. Pourtant, pour véritablement être libérés, nous n'avons d'autre choix que de faire valser tout l'échafaudage.

Il nous faut alors penser en termes de dépouillement. La tâche première consiste à nous débarrasser de nos peurs et de nos conditionnements pour laisser émerger l'être qui est en nous et qui est déjà complet. Nous devons avoir le courage et la lucidité d'accueillir ce qui ne va pas en nous, cesser de vouloir savoir sans véritablement être, car le plus important n'est pas forcément de comprendre les choses, mais de les recevoir et de les reconnaître, en donnant plus d'espace à nos contradictions, et en les observant pour pouvoir mieux les dissoudre.

On ne peut se débarrasser d'un problème en le fuyant ou en luttant contre lui sans arrêt. Il n'y a que trois choses à faire : reconnaître, accueillir et donner de l'espace à nos émotions et à tout ce qui nous anime intérieurement, que ce soit le bon, le moins bon ou le pire. La thérapie est longue, mais la transformation se fait et l'être peut enfin sortir de sa chrysalide.

C'est cela la révolution et la véritable renaissance. C'est la chenille qui au terme d'une longue transformation, laisse se développer le papillon qui est en elle.

Il ne sert donc à rien d'être plus gland ou plus chenille, il nous faut devenir chêne ou papillon.

DIALOGUE AVEC LA NATURE

« Si vous n'avez aucune relation avec la nature alors vous n'aurez pas de relation avec l'homme. Les champs, les forêts, les rivières, les arbres, toutes les merveilles et beautés de la terre, c'est la Nature. Si cela ne vous dit rien alors nous ne pourrons jamais avoir de relation les uns avec les autres. »
J. Krishnamurti

Chez moi, lorsqu'un moment m'est alloué entre deux occupations, je fais une petite pause et m'en vais rejoindre ma fenêtre ou ma terrasse. J'apprécie d'abord l'immense privilège que j'ai de vivre à la campagne, puis j'observe la nature. Le petit bosquet juste en face m'offre un spectacle sans cesse renouvelé. Mon ami l'écureuil vient parfois me montrer les prouesses dont il est capable en matière d'acrobatie.

Au printemps, j'aperçois les petits merles au plumage incomplet faire leurs premiers apprentissages aériens.

Dans les branchages, les moineaux et autres pinsons m'émerveillent par leurs gazouillements.

Les arbres offrent leurs nuances au rythme des saisons. Leur feuillage frémit sous le vent et le soleil se fait un plaisir d'offrir à mes yeux des reflets magnifiques.

Au fil des saisons, la nature se dépouille, s'endort puis se réveille, et en un formidable déploiement d'énergie, se pare d'un habit somptueux. Tout y est opulence, harmonie, impermanence. Même si je vois un rapace fondre sur un souriceau, ou un petit oiseau se faire attraper par le chat du voisin, je me dis que le drame est ailleurs.

J'observe l'effort que chacun doit faire pour survivre dans notre société, alors qu'en face, par-delà ma terrasse, tout est donné et chacun y trouve son compte. Les noisettes ne manquent pas pour l'écureuil, les insectes et autres graines prolifèrent pour les oiseaux, même si ça ne leur tombe pas directement dans le bec.

Installée à ma terrasse, une sauterelle venue des herbes avoisinantes vient se poser sur mon bras. Tout d'abord amusé par une telle visite, je me mets à l'observer de près, puis, par je ne sais quelle douce divagation de l'esprit, je sens que l'insecte m'observe également.

Nous nous fixons du regard puis, d'un frétillement d'ailes, elle attire encore un peu plus mon attention. Cette petite créature que j'aurais pu écraser négligemment m'apparaît alors d'une importance inestimable. Cette minuscule parcelle de vie semble vouloir me dire :

« Bienvenue dans la vie et l'harmonie, je t'offre ce dont tu as le plus besoin. De cette minuscule goutte d'eau à ces plus grands sommets, prends ta part de connaissance au profit de ton âme et non uniquement de ton savoir. Sache qu'ici, tout n'est que grande musique. Une danse perpétuelle où chacun se retrouve et communique dans une parfaite interdépendance. La complicité totale, en somme. Un formidable terrain de vie ou hélas, il ne manque que toi.

Toi, l'habitant supérieur, dont l'instinct s'est égaré au profit de l'errance mentale. Le dernier jour où tu étais de la fête, parmi tous et avec tous, ce jour-là, tu étais l'animal. Aujourd'hui, tu as troqué ta nudité contre un costume de scène. Représentation pitoyable durant laquelle tu uses de ta remarquable intelligence pour t'agiter et t'étourdir dans un torrent de vanités.

Puisses-tu à présent savoir qu'il n'est pas trop tard pour rentrer de concert avec la vie. Mais si par malheur tu devais considérer que revenir vers la nature avec plus d'humilité te semblerait être une régression, j'en déduirais alors que tu es irrémédiablement perdu. »

La nature a tant à nous apprendre. Ne nous en coupons surtout pas !

AIMER CE QUE L'ON FAIT ET FAIRE CE QUE L'ON AIME

Aimer ce que l'on fait et faire ce que l'on aime. N'est-ce pas cela le plus important à réaliser dans une vie ? N'est-ce pas aussi la meilleure façon de s'aimer soi-même et d'aimer les autres ?

Bien sûr, on pourra rétorquer que l'on ne peut pas toujours faire ce que l'on veut dans la vie. Qu'il nous faut d'abord survivre en ce monde et que notre travail n'est pas toujours choisi. Mais qu'est-ce qui nous empêche, si l'on n'est pas satisfait de notre vie, de la réorienter ? Rien ! Aux dernières nouvelles, nous vivons dans un pays démocratique et nos libertés ne sont pas bridées. Il n'y a donc que deux attitudes à avoir : j'aime ce que je fais et je vis dans la joie, ou je n'aime pas ce que je fais et je tente de changer cette situation. Si je n'y parviens pas, alors, je l'accepte et j'en prends toute la responsabilité. Bien sûr, reste le nerf de la guerre, l'argent ! Sans argent je ne peux rien faire ou presque. Certes, mais qui peut m'empêcher de gagner de l'argent ? Mon milieu social, mon éducation, mon absence de diplôme, mon Président, peut-être même mes parents, mes ennemis, la crise économique, la mondialisation, la dette de l'État… ?

En cet instant même, qui peut m'empêcher de vivre en aimant ce que je fais et en faisant ce que j'aime ? Voyons, j'ai beau chercher, je ne vois personne !

Ah si… moi !

Qu'est-ce que j'attends alors pour aimer ce que je fais et faire ce que j'aime ?

HISTOIRE D'EN RIRE

« Dieu a donné le rire aux hommes
pour les consoler d'être intelligents. »
Marcel Pagnol

Dans nos vies si sérieuses, un peu d'humour ne fait pas de mal. La spiritualité et les religions pour certaines s'en nourrissent. Même la plus sérieuse des quêtes intérieures ne peut faire l'économie de ce grand bol d'air frais qu'est le rire.

Selon les préceptes bouddhistes, le rire et l'humour sont des données essentielles dans l'épanouissement de l'être humain. Certains maîtres zen et le Dalaï-Lama lui-même ne se privent pas de quelques traits d'humour envers leur auditoire. Seul le Christianisme pour qui la religion est une chose sérieuse a éprouvé quelques difficultés à rire de ses propres faiblesses. Au Moyen-Âge, et au regard de l'Église, le rire était la pire des choses, masque grotesque ne pouvant refléter que la présence du Malin ! Ainsi, aux yeux du Christianisme, le rire semblait revêtir les traits de l'homme peu sérieux et donc du « pêcheur ».

Heureusement, avec le temps, l'Église a consenti à laisser plus de place à l'humour.

Comme les bouddhistes, les juifs n'ont pas leur pareil pour se moquer d'eux-mêmes, mais aussi de leur religion.

Histoire de rire, je ne peux résister à l'envie de vous faire partager ce petit récit :

« C'est l'histoire d'un rabbin qui, au sortir de la synagogue, rend grâce à Dieu. Il le remercie de l'avoir fait naître au sein du peuple élu, de l'avoir choisi pour accomplir les rituels, de lui avoir donné la foi, et il lui redit toute son adoration et toute la confiance qu'il place en lui, et en lui seul. Or voilà que, plongé dans ses pensées, le rabbin tombe dans un ravin. Dans sa chute, il parvient quand même à s'agripper à une petite branche, mais celle-ci n'est pas très solide. Effrayé par le vide, il appelle à l'aide :

— Y a quelqu'un ? Il y a quelqu'un ?

Seul le silence lui répond. Il crie encore quand une voix le fait taire. Une voix profonde, venue d'en haut, de Très-Haut :

— Mon fils, j'ai entendu ton appel. N'aie aucune crainte et lâche cette branche. Mes anges vont te porter et te déposer doucement au bas de ce précipice.

Et le rabbin regardant à nouveau le vide sous ses pieds.

— Y a-t-il quelqu'un d'autre ? »

N'hésitons pas à rire, à souligner certaines situations absurdes par un trait d'humour, à nous moquer gentiment de notre prochain, et surtout, de temps en temps, de nous-mêmes. Le rire rassemble les êtres humains. C'est une soupape bienfaitrice qui nous libère de nos peurs et nous permet de prendre de la distance.

VIVRE CHAQUE CHOSE

Imaginez…

En cette journée vous êtes plutôt d'humeur blafarde. Les choses ne vont pas comme vous le voulez et dès le réveil vous sentez une lourdeur mentale plomber littéralement votre moral. Vous connaissez les raisons de cet état, mais vous n'arrivez pas à vous en débarrasser. C'est alors que vous vous souvenez de certains enseignements orientaux disant que dans la vie, tout doit être expérimenté et vécu pleinement, que ce soit le bon comme le moins bon qu'il faut laisser vivre en soi le sentiment de peur comme le sentiment de confiance, la colère comme la paix, le désir accompli comme la frustration, l'astuce n'étant pas de rejeter les choses qui nous semblent mauvaises sous prétexte qu'elles nuisent à notre équilibre, mais d'accepter ce qui vient à nous, de l'accueillir et de le vivre, et surtout, de ne pas rajouter de la souffrance à la douleur première.

Vous réalisez alors que pour qu'un sentiment de peur disparaisse ou se transforme, il faut qu'il soit vécu consciemment. C'est pourquoi, ce jour-là, vous avez décidé de vivre pleinement votre mauvaise humeur et votre mal-être. Vous êtes resté quelques minutes à observer cet état, à le regarder bien en face sans la moindre animosité, à l'accepter, à l'accueillir, à le laisser se déployer en vous.

Bizarrement, au bout de quelques instants seulement, vous avez commencé à vous sentir mieux. Un grand apaisement s'est installé en vous sans que vous en connaissiez vraiment les raisons, comme s'il s'était opéré une subtile alchimie.

Vous comprenez alors que la souffrance ne se combat pas, qu'elle s'apprivoise et se vit comme tout le reste. Qu'opposer un refus ou se battre de front contre nos faiblesses, faire l'impasse sur elles ou les ignorer, ne mène nulle part.

Avant toute guérison, tout doit être accepté, accueilli et vécu pleinement, le haut, le bas, le lourd, le léger, le bien comme le moins bien.

Vivre, c'est avant tout cela et vous avez alors passé le reste de la journée dans la bonne humeur et l'esprit léger.

Afin d'appuyer ce qui vient d'être dit, je ne résiste pas à vous faire partager une de mes expériences :

Un jour, je me suis levé avec les cervicales et la tête douloureuse. Cela m'arrive parfois et généralement, je n'aime pas commencer la journée ainsi.

Comme il faut que tout soit parfait dans le meilleur des mondes, cet évènement contrariant aurait pu me faire dire : « satanées vertèbres, encore une journée gâchée alors que j'ai tant de choses à faire ! »

Au lieu de faire de ma journée un mur de lamentation, j'ai essayé de voir les choses différemment. J'ai fait le constat de mon état, observé avec recul ma douleur. Simplement, sans jugement, sans colère, mais aussi sans faux optimisme. J'ai ainsi abandonné ce sentiment d'indignation d'une journée qui commençait mal pour me plonger dans une observation tranquille et lucide des faits.

C'est alors que, j'ai bien été obligé de constater que ces douleurs n'étaient pas du tout de la même nature, infiniment moins grande que celle que j'appréhendais. J'ai constaté que le simple fait de poser ma conscience sur ce désordre le rendait moins douloureux.

L'observation amoindrit le mal, car l'évènement désagréable est souvent moindre par rapport à toute la souffrance que peut rajouter le mental. Chaque strate apposée par le mental épaissit la douleur, l'alourdit, alors qu'il n'y avait, au départ, qu'un simple évènement douloureux. On ne peut éviter la douleur sur notre chemin de vie, mais par contre, on peut éviter d'y ajouter de la souffrance.

Il en est de même pour nos détresses psychiques qui sont généralement plus nombreuses et qui nous assaillent à longueur de journée. Observons-les simplement, sans lutter, sans nier, et nous nous apercevrons que de la relation entre l'observateur et la chose observée naît une forme de calme et d'apaisement. L'observation tranquille abrège nombre de souffrances, et dissout les peurs qui s'ajoutent et amplifient notre douleur première.

Ce matin-là donc, j'ai observé cette souffrance sans en rajouter, sans lutter ou vouloir la nier et je me suis bien mieux porté.

LE VIDE ET LE SILENCE

Le mental a horreur du vide, et c'est pour cela qu'il nous embarque sans cesse dans une vie trépidante, remplie d'activités et de projets. Et même lorsqu'il est en panne d'aventure, il nous ramène à notre passé pour nous le faire ruminer. Bref, il ne veut jamais s'arrêter, comme pour éviter de nous exposer à notre propre vide intérieur.

Pourtant, nous pouvons nous sentir emplis, même sans activité ou projection de toute sorte. Le vide peut-être généreusement plein si l'on s'y prend bien, mais encore faut-il savoir le combler avec le bon ingrédient : le silence. Cette denrée si rare de nos jours est de deux natures. Il y a le silence extérieur que l'on peut obtenir assez facilement pour peu que l'on s'isole. Ce silence-là est important, car on ne peut vivre sans arrêt dans un univers bruyant. Il est aussi un silence d'une tout autre nature : le silence intérieur, celui qui s'instaure lorsque le vacarme de nos discussions intérieures veut bien cesser et qui est bien plus difficile à obtenir, car il impose de s'arrêter de temps à autre toute affaire cessante d'accueillir notre corps, notre souffle et même nos pensées envahissantes, d'en prendre conscience et de les laisser filer.

Les occasions d'expérimenter le vide et le silence sont plus nombreuses qu'on le croit. Chez soi, en voiture, dans les transports en commun, dans une file d'attente. Certes, le silence absolu d'une profonde méditation ne sera pas au rendez-vous, mais le simple fait de prendre notre conscience de notre suractivité mentale, d'accueillir ce qui est en se plaçant en arrière-plan apporte déjà une forme de silence.

Le silence est d'or et le bien-être n'a besoin de nul autre artifice. Il s'installe naturellement dès lors que l'on veut bien lui laisser un peu de place.

ÊTRE SANS SAVOIR OU SAVOIR SANS ÊTRE, TELLE EST LA QUESTION

Je peux apprendre, comprendre, élaborer de grandes théories, décortiquer mille concepts, mais à quoi cela sert-il si ce que je sais et que j'affirme n'est pas ce que je suis. Savoir n'est pas forcément être, et savoir et ne pas être n'est pas savoir. Notre mental se moque bien du sentiment de pleine présence, ou de l'état dit spirituel. Il préfère puiser dans sa banque de données et se repaître de connaissances. Plutôt que de nous guider, il préfère flatter notre ego.

On peut passer une vie à apprendre et suivre un enseignement, lire et relire les mêmes textes en variant de temps à autre le contenu et se retrouver au même point sur notre lit de mort, toujours en proie à notre ignorance, nos doutes, nos peurs et nos fausses croyances.

Plus que d'apprendre, il nous faut intégrer notre savoir, le digérer jusqu'à ce qu'il nourrisse la moindre de nos cellules et la moindre particule de notre âme. Il nous faut sans cesse expérimenter nos acquis dans le moment présent, le recueillement et l'abandon pour que notre nature profonde puisse s'approprier notre savoir et nous le restituer par un état d'être.

Le savoir entraîne une première prise de conscience que l'expérimentation imprime profondément dans notre corps et notre esprit. Aux petits ressentis s'en ajoutent d'autres jusqu'à ce que notre corps entier soit totalement imprégné, en tous lieux et en toutes circonstances.

Tout est affaire de niveau de prise de conscience, d'imprégnation et, d'ouverture, car tout est déjà là et il suffit simplement de le mettre en lumière. Alors qu'attendons-nous pour enfin être ce que l'on sait ou ce que l'on croit savoir ?

LA PAIX

« Si tu veux la paix, laisse-la tranquille ! »

La paix… celle après laquelle on court sans cesse !

On croit qu'elle se situe dans l'absence de tracas, de soucis ou d'évènements négatifs, alors qu'elle réside dans la façon dont on embrasse les joies, mais surtout les peines. Elle se situe en amont de tous les soubresauts de la vie, observatrice bienveillante et attentive dans cet arrière-plan tranquille que l'on arrive parfois à entrevoir dans nos moments de calme, de solitude et de recueillement. Parfois, cette paix consent à nous habiter quelques heures, parfois quelques jours durant, puis cet état de grâce nous échappe, s'éloigne et disparaît pour un temps et nous abandonne à nos tourments, nous laissant démunis devant l'impermanence ! Puis elle revient et nous entoure à nouveau, mais jusqu'à quand ?

Tant que l'on s'identifiera à nos conditions de vie extérieures, nous ne serons jamais en paix. Tant que nous nous crisperons au moindre vent contraire, nous subirons les affres de nos émotions parfaitement entretenues depuis des lustres. Tous les évènements fâcheux de notre vie ont leur place à nous de les accueillir. Cela n'est pas du fatalisme au sens où on l'entend habituellement, mais une forme d'intelligence, celle du cœur qui embrasse le bon et le moins bon sans distinction et ne retient que la seule substance du fait.

Oui, pour être en paix, il nous faut apprendre à être dans le présent, à contrôler notre mental, à comprendre de nos émotions et à retrouver notre être profond en lâchant prise sans nous identifier au monde extérieur, s'il nous faut abandonner certaines croyances, nous détacher d'un nombre incalculable de conditionnements. En somme, il nous faut avoir une large compréhension de ce qui nous anime, être l'observateur détaché, s'abandonner à la vie et faire de cela une seconde nature.

Le bien-être est en fait d'une incroyable simplicité, bien trop simple pour notre mental qui lui, se nourrit de complexité, de jugement et de dualité. Il suffit pourtant d'être là, en toute présence, de respirer, d'observer et d'être ouvert à tout en laissant remonter sa véritable essence et en se laissant bercer au rythme de la totalité.

LA FIN

Même le plus grand des sages ne sait pas ce qu'il va advenir à sa propre mort. À l'image de ce maître zen à qui on demanda ce qu'il se passait lorsque l'on mourrait, il répondit :

« Je ne sais pas ».

« Mais n'êtes-vous pas un maître zen ? » poursuivit celui qui l'interrogeait.

— Si, répondit-il, mais pas un maître zen mort. »

Ainsi, même si quelques personnes, paraît-il, sont allées voir ce qu'il en était de l'autre côté et en ont témoigné, aucun d'entre nous ne sait réellement ce qui nous attend passé notre dernier souffle. Nous n'avons aucune certitude en la matière. Néanmoins, face à cette grande interrogation, on souhaite secrètement que la mort n'aboutisse pas au néant.

Mais peut-être pouvons-nous nous poser la question suivante : pour vivre une belle mort, ne devrions-nous pas commencer par vivre une belle vie ? Jouir de son formidable élan de potentialités, la percevoir dans sa globalité, son impermanence et son interdépendance.

Nous ne sommes qu'une particule du monde qui vit, meurt, retourne d'où elle vient, et non pas le centre de l'univers comme notre ego veut bien nous le faire entendre. Cela ne veut pas dire que nous sommes insignifiants au regard de la vie, mais que nous sommes à notre juste place et indissociables du reste.

Peut-être que pour appréhender au mieux la mort, il nous faut d'abord comprendre la vie, sortir de notre mental étriqué, et nous ouvrir au monde et à sa conscience universelle. Encore de grands mots, certes, mais jusqu'à présent personne n'a réussi à démontrer les conséquences de la mort sur notre esprit et notre conscience, pas même nos plus grands scientifiques qui préfèrent étudier les débuts de la vie en général ! que la fin de la vie en particulier. Il n'y a peut-être pas alors à comprendre la mort, mais à ressentir la vie pour vivre une belle mort.

Mourir, c'est probablement se débarrasser de tous nos oripeaux mentaux. C'est, on l'espère tous, l'expérience la plus époustouflante de la vie.

Mourir, c'est peut-être retrouver son appartenance à la grande conscience universelle et plonger dans le grand océan...

Que veut-on entendre de la mort ? De ce qu'il va advenir une fois que l'on aura expiré. Voulons-nous écouter une douce chanson qui bercera notre ego ? Se convaincre qu'au bout il y aura un long tunnel avec des êtres de lumière qui viendront nous accueillir ? Rester sous l'emprise d'un obscurantisme régnant depuis des siècles, qui nous parle de paradis, d'enfer et de démons ? Se résigner au néant, ou bien élargir notre conscience pour embrasser la vie et la mort ?

La mort ne fait pas souffrir, seules nos misérables vies s'en chargent et la peur de mourir n'est pas tant celle de ne plus exister, que celle de se séparer de ce à quoi on est attaché. Alors, que craindre de la mort ? Qu'elle détruise notre tour pensante, notre trame psychique, nos biens et nos acquis ? Si tel est le cas, il est souhaitable de nous délester de nos oripeaux avant le grand passage.

Selon les préceptes bouddhistes, l'attachement et l'identification aux choses sont parmi les pires fardeaux que puisse traîner l'homme. S'identifier à sa fortune et à l'image qu'elle renvoie de nous dans notre société, s'attacher à tout ce que l'on a bâti dans une vie, à nos pensées et à nos convictions, c'est en somme faire le constat que l'on court toujours après une image, une représentation que nous avons créées de toutes pièces.

À quoi donc allons-nous pouvoir nous identifier lorsque tout cela nous sera enlevé ? Sur quoi pourra-t-on compter à l'approche de la dernière échéance ? À un sentiment d'appartenance peut-être, non plus à une communauté, à une société ou à une caste, mais au monde, ce qui implique de se désidentifier de toutes nos appartenances matérielles, de bon nombre de nos croyances et de nos conditionnements. Plus notre vie sera dépouillée de nos attachements, plus nous serons légers le moment venu.

Mais de quels oripeaux devons-nous nous débarrasser sans pour autant renoncer à vivre ici-bas ? De tout ce que nous n'emporterons pas là-bas ? Personne ne nous demande de renoncer à tout ce qui a été bâti durant une vie. Gardons simplement la bonne distance, le juste recul et laissons-nous porter par la vie tant qu'elle nous tient encore. Peut-être alors comprendrons-nous que le baiser de la mort est aussi doux que celui de la vie.

LA GRÂCE NE SE DÉCRÈTE PAS

« Que la force me soit donnée de supporter ce qui ne peut être changé et le courage de changer ce qui peut l'être, mais aussi la sagesse de distinguer l'un de l'autre. »
Marc Aurèle

Tout chercheur spirituel est en quête d'éveil, de compréhension profonde, en attente d'une libération partielle ou totale. Pour certains on peut parler de véritable chemin initiatique. Pour d'autres, le cheminement spirituel passe par un travail sur soi suffisamment régulier et conséquent pour pouvoir passer tant bien que mal les écueils de la vie, voire atteindre un état d'évolution mentale qui leur permette de réussir au mieux dans ce qu'ils entreprennent. C'est alors une quête d'épanouissement et de développement personnel, avec pour outils de nombreuses pratiques et enseignements.

Le problème, c'est que, quel que soit le cheminement de chacun, la grâce ne se décrète pas. Cet état de conscience ne se commande ni ne se cherche. Il ne s'attend pas non plus. Il arrive inopinément, lorsque l'on a bien voulu lui laisser assez d'espace pour exister. La meilleure façon de le voir nous échapper est de vouloir le commander pour mettre sous l'autorité de notre seul mental.

Cet espace ne se crée que dans un lâcher-prise profond de toutes nos attentes et de tous nos rêves et l'accueil de ce qui est, tel que cela se présente là, maintenant. Il ne s'agit plus alors d'idéaliser sa vie avec son mental, mais de la recevoir, de s'abandonner à elle et de lui permettre de se déployer en nous, tout naturellement.

La véritable quête se situe au-delà de notre ego et de notre mental. Elle ne consiste pas à rêver, désirer, ou mentaliser, mais demande à ce que toute chose soit autorisée, comprise, reçue, accueillie, vécue jusque dans ses moindres recoins.

Dans la méditation zen, les moines bouddhistes enseignent que l'éveil, qu'il soit complet ou partiel, foudroyant ou passager, ne peut répondre à aucun ordre du mental. En revanche il peut nous aider à concevoir et identifier la démarche qui va nous permettre d'utiliser les outils les plus adaptés pour atteindre cet état. Notre mental est un allié utile, qui met en place nos intentions, et il tente de mettre en ordre nos désirs et de les réaliser. Même si trop souvent il s'y prend maladroitement pour nous faire avancer, qu'il tente de passer en force ou se refuse à admettre la réalité du moment présent, il est malgré tout un compagnon indispensable sur notre chemin de vie.

Cependant lui seul ne peut percer les profondeurs du vivant. Il n'a pas accès aux mystères de la vie qui se situent à un autre niveau de conscience, n'ont pas à être résolus, et ils ne peuvent être que vécus.

Alors, à la grâce de ce qui est !

LA VIE DERRIÈRE LA VIE

Vous est-il arrivé de découvrir la vie derrière votre vie, derrière ce personnage auquel vous êtes attaché et intimement lié. C'est tout bonnement votre personnalité, celle qui caractérise chacun de nous et nous représente dans la société. C'est en quelque sorte l'image à laquelle on s'identifie notre moi pensant, notre mental, notre ego, notre corps, bref, tout ce qui nous nomme et nous définit.

Chacun à fort à faire avec ce moi qui nous apporte tantôt joie, tantôt douleurs, que l'on aime parfois et que l'on déteste aussi. Selon l'image que l'on a de soi, ce moi nous fait aimer la vie, mais nous éloigne aussi, car nous voulons une vie parfaite ou presque, et nous passons notre temps à tenter d'éloigner le malheur et la souffrance qui menacent sans cesse notre intégrité psychique et physique. Ce moi aime la vie à condition que tout soit en bon ordre et réponde à sa vision du bonheur.

Mais qu'en est-il de La Vie ? Celle avec un grand V, celle qui se déploie tout autour de nous et en nous, qui fait périodiquement son travail en nous faisant respirer, digérer, grandir, réfléchir, qui régénère nos cellules et notre système immunitaire, qui régit la nature et déploie les étoiles ? Cette formidable énergie est présente et nous anime en amont même de nos pensées, de nos émotions, de chaque parcelle de sentiment que nous éprouvons.

Elle se déploie à l'arrière-plan de notre vie, et la sentir ainsi nous habiter permet d'élargir notre champ conscience. L'observer ainsi, avec un juste recul, au-delà de la réflexion, et du mental, c'est découvrir l'essence même de notre être, c'est atteindre le rivage tranquille où la vie nous vit.

La vie n'a que faire de nos petites histoires personnelles et de la façon dont on considère notre existence. Elle vit sa vie et c'est à nous de saisir véritablement son sens.

Eckhart Tolle dit : « *Faire un avec la vie c'est faire un avec le moment présent. À ce moment-là, vous réalisez que ce n'est pas vous qui vivez votre vie, mais la vie qui vous vit. La vie est le danseur, et vous la danse.* »

C'est effectivement dans le présent que la vie se livre à nous, ce présent qui ignore toute projection dans le futur et toute souffrance ou conditionnement venant du passé. Qu'il y a-t-il avant même nos pensées ? Qu'il y a-t-il derrière ?

Si nous réfléchissons bien, nous n'en sommes pas maîtres car elles vont et viennent sans que nous y prêtions attention. En réalité, derrière notre mental, il n'y a rien, ou plutôt il n'y a plus de « moi », mais seulement la vie !

Découvrir cette vie, derrière notre mental, notre ego, c'est la forme la plus élevée de la méditation. Inutile d'aller chercher plus loin, la vie est là, dans cet espace, complète, entière et prête à être vécue.

ÉLOGE DE LA MARCHE

« Le vrai miracle n'est pas de marcher sur les eaux ni de voler dans les airs : il est de marcher sur la terre. »
Houeï-Neng

Quand je suis préoccupé, je marche autour de mon canapé. Quand je dois trouver une solution à un problème, je fais les cent pas dans mon salon. Quand je fais de la méditation, je marche dans les bois et parfois même chez moi.

La marche est un allié de taille dans ma vie qui m'aide à réfléchir, à me recentrer, ou à faire le vide dans mon esprit. Au-delà de sa vocation première qui est de permettre de se déplacer, la marche permet de libérer le mental et l'esprit, de relâcher tout notre être et d'accéder à certains états de conscience. Certains adeptes de la méditation profonde pourront arguer que toute forme de recueillement en marchant ne peut être que superficielle. Lorsque l'on enseigne la méditation, on préconise l'immobilité totale et le silence absolu dans l'entourage pour éviter à notre mental si facilement disposé à la distraction.

On se dit alors qu'il nous faut évoluer dans un environnement aseptisé, tant sur le plan sonore, visuel, que gestuel.

Pourtant, lorsque je marche dans la nature, je côtoie des moments d'extase qui ne me sont pas toujours donnés avec la méditation assise. Les plus belles expériences que j'ai vécues se sont passées dans des environnements naturels. Ainsi, il y a quelques jours, alors que je me promenais dans un bois, j'ai senti cet état de félicité s'emparer de moi. Au départ, ma marche n'avait aucun but particulier si sinon de me détendre, voire de méditer superficiellement. Le temps était radieux, les arbres magnifiques, la forêt vivait et les oiseaux gazouillaient à tue-tête. Tout était là pour que ma promenade soit un hymne à la contemplation.

Plus tard, au rythme de mes pas, de mon regard fixé sur le sentier, tout ce petit monde s'est gentiment effacé. La magnificence des arbres, les pépiements des oiseaux, le bruit de fond des voitures roulant au loin, tout disparut, ou du moins, ne fut plus interprété. Mon mental n'était plus là pour décrire cette réalité qui m'entourait, si belle soit-elle. Mon corps et mon esprit s'étaient fondus dans cet entourage et il n'y avait plus personne pour le constater.

Cela dura quelque temps et lorsque je «revins à moi», je pus exprimer le sentiment que j'avais vécu, à savoir une sensation de dissolution de mon être entier avec son environnement. Pas forcément avec la nature, les beaux arbres et les gentils petits oiseaux, car cela aurait pu m'arriver en ville, au restaurant ou je ne sais où, mais avec la simple réalité qui m'entourait et à laquelle désormais j'appartenais. En somme, j'avais vécu un effondrement de ma personnalité, de ce moi qui fait mon identité et qui me sépare de la réalité par ses multiples interprétations.

Ces états peuvent se vivre debout, assis, allongés ou même à quatre pattes, pour peu que l'on parvienne à dégager complètement de son esprit le fouillis qui s'y loge. Si l'on reste présent à soi, à son corps, à ses gestes, et surtout sans rien attendre, la grâce viendra peut-être nous habiter. Mais elle le fera quand elle le voudra, et quand on l'y aura autorisée.

Nous comprendrons alors que tout est là, pour tout le monde, et qu'il n'y a qu'à se dépouiller pour recevoir.

QUI SUIS-JE ?

« L'illusion est la première apparence de la vérité. »
Rabindranàth

Qui suis-je ?

Qui entreprend, décide, contrôle, sent de la joie, gémit, souffre ?

Qui marche, pleure ? Qui pense et perçoit ?

À bien y réfléchir, et avec mon seul mental, je ne trouve personne. Avant chaque pensée, je rencontre le néant, mais à bien observer j'y découvre la vie, toute simple et mystérieuse. Je ne décide de rien, elle décide de tout, même si derrière mon ego surdimensionné je crois tenir les rênes. Je pense tenir le gouvernail, mais en réalité mon bateau ne fait que suivre les flots et ce courant qui inexorablement m'emporte.

Je cherche, je fouille derrière chacune de mes pensées, de mes émotions, je ne trouve personne.

Il n'y a personne !

Pas « moi » en tout cas. Je viens de mourir.

Je n'existe plus. Je me suis dissous au profit d'autre chose. De la vie et de son mystère.

Avant la moindre de mes pensées, je n'existe pas, après, je n'existe pas non plus. Je ne peux pas exister en tant que Pierre, Paul ou Jacques puisque je ne suis à l'origine de rien du tout. Je ne décide pas de mes pensées, elles viennent à moi de leur propre gré. Je ne décide pas de mes émotions, elles se présentent à moi sans crier gare. Je ne suis même pas maître de mes choix, puisque mes pensées, avant d'exister, sont conditionnées par autre chose. Par le mystère de la vie. Alors, si je fouille un peu plus, je ne puis y trouver que Dieu, le principe de vie, la vie tout simplement.

Je découvre le néant, ou plutôt la mort à soi, à mon être identifié. La mort de ma personnalité.

Quelle agréable mort !

Quel bonheur de ne plus se sentir exister par soi, mais par elle, la vie ! Je deviens alors son spectateur, le témoin tranquille de mes pensées, de mes émotions, de mes joies et de mes peines. Je deviens l'écran qui reçoit le film complet de sa vie, l'océan qui accueille la mer calme comme les vagues et les tempêtes car je ne suis plus une vague parmi tant d'autres, mais pour l'océan tout entier.

MAIS POURQUOI DONC ?

« Je ne peux rien
pour qui ne se pose pas de questions. »
Confucius

Avons-nous perdu notre bonheur ! originel, ou allons-nous vers celui-ci ?

Avons-nous quitté l'Éden, ou ne l'avons-nous jamais connu et pouvons-nous nous en approcher ?

Qu'est-ce qui pousse l'homme à être aussi épris de bien et de divin, alors qu'il est lui-même régi par des forces animales, voire parfois même pires ?

De nombreuses religions ou autres enseignements nous disent que nous avons perdu cet état originel, ce paradis. Alors, si nous l'avons connu un jour, pourquoi nous a-t-il été enlevé ?

Cette réflexion soulève tout le poids du péché et de la culpabilité que certains dogmes religieux ont voulu faire peser sur nous. Mais peut-être avons-nous perdu contact avec notre Soi, l'inné, la nature profonde qui est en nous peut-être ne l'avons-nous jamais atteinte ?

Serons-nous nous dépouiller de tous nos oripeaux pour accéder à la paix de l'esprit et à l'amour inconditionnel ?

Devons-nous procéder à la désagrégation complète de ce mental malade et de cet ego qui nous gouvernent comme des marionnettes ?

Doit-on passer le reste de notre vie à désapprendre pour enfin comprendre ?

Et si nous étions plutôt dans un état intermédiaire, encore coincé entre notre condition animale et notre devenir d'homme, tiraillés entre notre cerveau reptilien, notre néocortex et notre conscience spirituelle ?

Et si, tout bonnement, l'homme faisait partie d'un principe d'évolution qui tend toujours vers le plus et vers le mieux sur le plan de la conscience ?

Il est vrai que quelques millions d'années d'évolution peuvent sembler longues, mais peut-être avons-nous l'éternité devant nous !

Et si notre vision de la vie n'était qu'un rêve, une grande illusion, dans un monde qui ne serait pas aussi manifesté qu'il prétend l'être à nos yeux ?

Et si nous étions en train d'évoluer dans un vaste réseau énergétique que nos seuls sens ne pourraient appréhender ? Un monde vibratoire dans lequel pas même la question de matière, d'espace et de temps ne se poserait.

Et si la matière n'existait qu'à la grâce de nos seuls yeux, mais qu'au regard de Dieu, ce n'était qu'un vaste réseau d'énergie et d'information ?

Et si nos physiciens n'étaient pas en train de se rapprocher de nos illustres ancêtres religieux ?

Et si…

Et si Confucius avait raison ?

UNE VIE D'ARTISTE

« L'artiste est une exception : son oisiveté est un travail, et son travail un repos ; il est élégant et négligé tour à tour ; il revêt, à son gré, la blouse du laboureur, et décide du froc porté par l'homme à la mode ; il ne subit pas de lois : il les impose. Qu'il s'occupe à ne rien faire, ou médite un chef-d'œuvre, sans paraître occupé ; qu'il conduise un cheval avec un mors de bois, ou mène à grandes guides les quatre chevaux d'un britschka ; qu'il n'ait pas vingt-cinq centimes à lui, ou jette de l'or à pleines mains, il est toujours l'expression d'une grande pensée et domine la société. »

Honoré de Balzac, *Traité de la vie élégante*

Pourquoi ne vivrions-nous pas comme un artiste, un poète de l'âme, un créateur perpétuel, ivre de contemplation ? La vie est une œuvre que nous pouvons façonner, pétrir, transformer à volonté. Nos pinceaux sont nos mains, et la vaste toile qui s'offre à nous ne demande qu'à être peinte.

Du matin au lever, au soir avant de partir dans un doux sommeil, nous avons toute latitude pour être des artistes. Tout est création, la vie, la nature, la société, nous-mêmes. Il ne se passe pas une minute sans que notre cerveau n'émette une pensée, une réflexion, un élan créatif. Pourtant, nous avons trop souvent l'impression de ne pas l'être suffisamment assez créatifs dans nos vies.

La créativité est partout, mais nous n'en avons pas assez conscience. Il nous faut alors voir notre quotidien comme un artiste regarde sa toile. Et si notre œuvre n'est pas à notre goût, il nous faut l'effacer, repasser une autre couche ou créer une autre esquisse. Cela passe par une nouvelle façon de penser, d'appréhender, d'observer, et d'accueillir notre environnement.

Être artiste n'est pas nécessairement se tenir devant une toile, le pinceau à la main. Les arts, dans notre société, sont parfaitement répertoriés et délimités, mais le premier est celui d'être le créateur de sa propre vie, de pouvoir construire son existence sur de bonnes fondations et, au besoin, de recommencer, d'élever des murs et un toit qui nous protègent, d'aménager un espace intérieur dans lequel on puisse se ressourcer. En somme, d'élever de saines pensées et de développer sa sensibilité et sa réceptivité afin de se connecter à plus grand que soi, car que ressentent les artistes en plein acte créateur, sinon cela ?

L'artiste réfléchit peu à ce qu'il va créer. Il a un vague projet dans son esprit, mais jamais quelque chose d'abouti. Pour poursuivre et terminer son œuvre, il devra se connecter à une partie de lui-même qui lui échappe complètement et qu'on appelle l'inspiration. Partant du fait que toute activité est un moment de créativité, pourquoi ne nous connecterions pas nous aussi à cette inspiration, cette intuition divine ?

Notre environnement et notre quotidien sont un terreau fertile à notre créativité. Nous sommes tous des toiles. Tout est perpétuel création. Être conscient de cela, c'est déjà voir la vie comme un artiste pour être l'artiste de notre vie.

SCIENCE ET SPIRITUALITÉ

LE BONHEUR ET SES FORMES

Quelle est la différence entre le plaisir et le bonheur, entre la jouissance et la joie ?

Existe-t-il plusieurs formes de bonheur ?

Vaut-il mieux cumuler les petits bonheurs du présent, ou opter pour des actes fondateurs s'inscrivant dans la durée ? À première vue, il semble que l'on ait le choix dans les recettes pour accéder au bonheur. Chacun de nous à sa propre « politique » du bien-être. Les uns assureront l'accomplissement des quatre piliers d'une bonne vie en société : amour, santé, travail, famille. Les autres accumuleront des petits plaisirs tout le long de leur vie, et les plus endurants et les idéalistes entreprendront des projets de grande haleine, carrière professionnelle, idéal, engagement politique, social, religieux. Enfin, certains cumuleront tant bien que mal chacun de ces besoins.

On peut donc retenir deux catégories de bonheur : le bonheur hédoniste et le bonheur eudémoniste.

Le bonheur hédoniste :

C'est en quelque sorte le bonheur instantané que l'on peut obtenir de plusieurs façons sans trop d'engagements sur la durée. Ce sont les petits plaisirs simples de la vie que l'on s'octroie par contradiction avec la souffrance, mais aussi nos réalisations à court terme. En bref, c'est la réponse à nos désirs plus ou moins immédiats dans la satisfaction des sens.

Le bonheur eudémoniste :

Ce bonheur-là appelle plus à la quête personnelle. Il impose de partir à la connaissance de soi et de notre cohérence en ce monde. Il se nourrit de projet à plus long terme, là où la conscience se doit de grandir pour épouser d'autres horizons et demande une vision plus globale voire même plus spirituelle de la situation.

Preuves scientifiques à l'appui

Des chercheurs ont étudié deux populations de personnes qu'ils ont divisées en hédonistes et eudémonistes, en les sélectionnant d'après leurs réponses à un questionnaire très pointu. Ils ont ensuite prélevé sur eux des échantillons de sang.

Si l'on en croit les travaux, du Docteur Barbara L. Fredrickson de l'université de Caroline du Nord à Chapel Hill, un bonheur lié à une réalisation personnelle (eudémoniste) a un impact plus positif sur la santé de nos cellules. En revanche, un bonheur hédoniste peut avoir un impact négatif, quel que soit le bien-être du moment.

On peut donc constater l'influence biologique d'un bien-être hédoniste et eudémoniste sur le génome humain. Les chercheurs parlent ainsi « d'empreinte génomique fonctionnelle du stress chronique ».

Résultat : le bonheur eudémoniste est associé à une diminution significative du profil d'expression génique lié au stress tandis que le bonheur hédoniste est lié à son augmentation.

Ainsi, et selon cette recherche, on peut dire que les plaisirs simples, aussi nombreux soient-ils, ne suffiraient donc pas à nous combler. Nous avons besoin d'élargir notre conscience en soutenant de grands projets, ou de grands idéaux.

Il serait sans doute meilleur de cumuler ces deux formes de Bonheurs, avoir de grands projets ouvrant notre champ de conscience, sans pour autant renoncer aux petits plaisirs simples et immédiats de la vie. Car ces plaisirs-là ont aussi leur importance et permettent de s'installer dans le présent, contrairement aux grands projets qui peuvent nous en éloigner.

En fait, peut-être avons-nous simplement besoin d'apporter un supplément d'âme à tout ce que nous faisons. Que ce soit en observant une fleur, en faisant la vaisselle, ou en nous lançant dans de grands desseins.

Chacun se forgera son opinion, et obéira à sa propre idée du bonheur, quels que soient les moyens employés. Celle-ci sera la bonne, s'il met la conscience suffisante et le plaisir d'être dans tout ce qu'il fait.

JEUX DE MARIONNETTES

« Être libre c'est savoir ce qui nous détermine. »
Spinoza

Nous réagissons tous différemment face à nos actes et aux évènements qui jalonnent notre vie, bref, face à nos réussites et à nos échecs.

Lorsque l'on échoue régulièrement dans ce que l'on entreprend, on peut adopter une attitude de victimisation. Chacun de nos échecs est alors la faute du voisin, du concurrent, des hommes politiques, de la société... Dans le meilleur des cas, on prend sur soi et l'on s'en veut d'être un incapable. On peut alors parler de croyance en soi défaillante ou d'attitude fataliste.

Lorsque nous réussissons tout ou presque, nous nous sentons totalement responsables de nos actes et de notre succès et devenons un monstre de volonté et de détermination. Notre ego est comblé !

Il y a également une autre façon de voir les choses. Celle de faire rentrer dans l'équation une divinité intérieure ou extérieure qui nous aiderait, voire déciderait à notre place. Nos réussites et nos échecs seraient alors dus en partie à Dieu, à l'Univers ou en toute autre force spirituelle ou occulte.

Entre science et religion, l'homme s'est souvent posé la question de savoir qui gouverne le monde en oubliant de se demander qui le préside à ses actes de chaque jour, à la moindre de ses pensées et de ses réactions.

Alors, qui commande ?

Est-ce notre mental conscient de ses actes, notre inconscient, les deux, ou bien autre chose ? Est-ce que nos actes et les évènements qui jalonnent notre vie viennent de notre propre fait ou subissons-nous un facteur extérieur ou une influence qui est hors contrôle ?

Sommes-nous des marionnettes ?

D'après le professeur Benjamin Libet, chercheur en physiologie, nos prises de décisions ne sont pas conscientes. Encéphalogramme à l'appui, il a démontré qu'avant toute activité consciente, il y avait une activité cérébrale inconsciente.

Selon le scientifique, lorsque l'on prend une décision, par exemple d'appuyer sur un interrupteur pour allumer la lumière, celle-ci, avant d'être consciente et effective, est précédée d'une activité inconsciente qui y est intimement liée.

On peut résumer cela de la manière suivante :

Activité cérébrale inconsciente - Prise de décision consciente - Début du mouvement.

Autrement dit, nous prendrions conscience de notre intention de bouger le bras après que cette activité cérébrale se soit formée dans notre cerveau. Cette action de préparation, observée avant que n'émerge la décision consciente de faire un geste, ne remettrait-elle pas en cause notre idée de libre arbitre ?

Cette conclusion scientifique a fait grand débat lors de sa publication, car elle touche à notre liberté la plus sacrée, celle d'être libre et propre décideur de nos choix. Cela voudrait dire que nous ne sommes en aucun cas responsables consciemment de nos choix !

En revanche, cette conclusion pourrait accréditer certains enseignements visant la « désintégration » de l'ego et de toutes les mémoires qui y sont rattachées pour atteindre le domaine de l'intuition, voire de l'éveil.

Qui tire les ficelles ?

Si l'on en croit notre expérience scientifique, chacune de nos intentions, de nos décisions, est précédée d'une activité cérébrale antérieure et inconsciente. Mais, d'où vient-elle ? Est-ce un mouvement inconscient gouverné par notre passé et tous les conditionnements dont nous faisons l'objet, ou bien est-ce un reste d'instinct ou une impulsion qui échappe à toute rationalité ? N'est-ce pas aussi tout simplement un réservoir caché que l'on appelle intuition, ce divin réceptacle qui nous nourrit et qui nous guide vers ce qu'il y a de mieux pour nous, à savoir notre être authentique, notre âme, notre pensée racine, et ce que l'on doit accomplir pour grandir. C'est peut-être un peu de tout cela, une part encombrée de ces mémoires qui nous gouverne, et une autre nature plus lumineuse qui tend à faire surface.

À titre personnel, si c'est mon être profond et authentique qui doit prendre les manettes avant même que j'en sois conscient, je m'en réjouis, et tant pis pour mon ego et ma gloire personnelle !

En revanche, si c'est notre inconscient trop souvent chargé de traumatismes, de peines, de peurs et de croyances inavouées, je comprends mieux les maux de notre société ! Enfin, si c'est notre moi conscient qui tient les commandes, comment se fait-il qu'il ne soit pas capable de nous rendre parfaitement bons, aimants et heureux ? Serions-nous si méchants pour décider consciemment d'être mauvais ?

Je préfère m'en référer à Socrate qui disait il y a plus de deux mille ans : « *Nul n'est méchant volontairement.* »

SI J'EN CROIS QUELQUES THÉORIES SCIENTIFIQUES...

Mon corps s'occupe de tout.

Pendant que j'écoute le requiem de Mozart, chacune de mes cellules, au nombre de cent billions, accomplit quelques millions de tâches par seconde. Les unes créent des protéines, les autres transforment des nutriments, régénèrent des tissus, créent des neurones... Mon être respire, mon estomac digère et tout cela s'orchestre en écoutant du piano, en pensant ou en tapotant sur mon clavier.

À la manœuvre de cette parfaite organisation, mon cerveau reptilien, vieux de quatre cents millions d'années, hérité des premiers poissons qui s'adaptaient au mode terrestre. Tout comme chez mes cousins animaux, c'est le grand gestionnaire de mes fonctions vitales.

Dans cette même boîte crânienne, logé dans l'être humain depuis soixante-cinq millions d'années, mon cerveau paléomammalien (système limbique) me permet d'apprécier le virtuose autrichien, mais aussi de détaler ou d'attaquer quand le danger guette. Il est le siège de mes émotions, de mes instincts et de ma mémoire.

Et voici le petit dernier, trois millions et demi d'années, mon néocortex. Il m'apporte un peu de modernité et me sort de ma condition d'Australopithèque un peu attardé. Désormais, j'anticipe mes actes, j'ai un raisonnement logique et je maîtrise le langage. Le mental devient roi, et l'ego s'approprie tous les exploits de l'Homo Habilis, fier de ses huit cents cm^2 de capacité crânienne.

Mon cortex cérébral est une pure merveille, mais quelle partie de mon cerveau pourrait régir les fonctions spirituelles, ou à défaut se connecter à de plus hautes sphères ? Quelle fonction pourrait me permettre de percevoir le monde dans sa globalité, de pénétrer l'univers monde quantique et de me sortir de l'illusion dans laquelle je baigne trop souvent ?

J'ai beau suivre les enseignements des grands sages, je sens bien qu'il y a encore en moi ce cerveau reptilien, vestige de ma condition animale, qui me pousse parfois à réagir de façon instinctive et bestiale. Il y a aussi ce système limbique contre lequel je me débats lorsque mes émotions m'envahissent. Enfin, ce néocortex qui m'emprisonne dans un univers bien carré, prévisible, où mon ego tient fermement les rênes. Alors, comment m'affranchir sortir de ma condition d'homme-animal, aux fonctions régies par de multiples conditionnements instaurés depuis des millions d'années ? J'aime à penser qu'un jour, dans mille, dix mille, cent mille ans ou un million d'années, l'humanité se dotera d'un quatrième cerveau, un peu plus spirituel, muni de capteurs ultras sensibles en connexion directe avec les formes les plus secrètes de l'univers, bref, une tour de contrôle en communication étroite avec le divin.

Ma théorie n'est pas très optimiste, car elle exige du temps, beaucoup de temps. Comme nombreux d'entre nous, je préférerai pour l'Homo Sapiens, un éveil plus rapide et plus radical, une hypothétique prise de conscience insufflée par je ne sais qui, un merveilleux coup de baguette magique qui nous permettrait de nous libérer de nos bas instincts, de nos conditionnements, de nos fausses croyances, pour enfin être éveillés !

Mais en attendant, si je commençai par moi-même, ici et maintenant ?

CITATIONS INSPIRANTES

« Le bonheur, on ne le trouve pas, on le fait. Le bonheur ne dépend pas de ce qui nous manque, mais de la façon dont nous nous servons de ce que nous possédons. » Arnaud Desjardins

*

« Vis comme si tu devais mourir demain... Apprends comme si tu devais vivre toujours. » Gandhi

*

« Quand les jours sont ainsi semblables les uns aux autres,c'est que les gens ont cessé de s'apercevoir des bonnes choses qui se présentent dans leur vie... » Paulo Coelho

*

« La Vie en elle-même est une toile vide. Elle devient ce que vous peignez dessus. Vous pouvez peindre la misère ou vous pouvez peindre la joie. Cette liberté est votre splendeur » Osho

*

« Accomplissez toutes vos actions sans une raison. La vie se vit pour elle-même et pour aucune autre raison… L'amour n'a pas de pourquoi » Maître Eckhart

*

« Si le problème a une solution, il ne sert à rien de s'inquiéter. Mais s'il n'en a pas, alors s'inquiéter ne change rien » Proverbe tibétain

*

« Vivre dans la revendication constante de son bonheur, revient à être victime de ses attentes… Accueillir toute situation comme occasion de se transformer, c'est grandir véritablement » Yvan Amar

*

« Tant que nous croyons qu'il existe un endroit à fuir, il n'existe pas de véritable libération. La libération ultime surviendra quand nous ouvrirons nos yeux et verrons que tout est ici et maintenant » Rabbi Menachem Mendel Schneerson

*

« Une fois que vous vous rendez compte que le chemin est le but et que vous êtes toujours sur le chemin, pour ne pas atteindre un but, mais pour apprécier sa beauté et sa sagesse, la vie cesse d'être une tâche et devient naturelle et simple, une extase en elle-même. » Sri Nisargadatta Maharaj

*

« Les explications vont bien pour les choses pratiques, mais sont déplacées pour la beauté, l'amour et la simple présence. Juste, laissez les choses être. Aimez le mystère au lieu de résoudre l'énigme. » Leo Hartong

*

« C'est l'essence de la vie qui se manifeste dans les fleurs sous la forme du parfum. La qualité du cœur produit dans l'intellect ce parfum qui est semblable à la fragrance de la fleur. » Pir O Mushid

*

« La joie est en tout : il faut savoir l'extraire » Confucius

*

« Il est plus facile d'aimer la terre entière que de supporter son voisin de palier. »

*

« Votre vie quotidienne est votre temple et votre religion. Lorsque vous y entrez, prenez-y tout votre être. » Khalil Gibran

*

« La seule liberté dont nous disposions est de devenir conscient de ce que nous sommes en réalité. C'est la seule liberté que nous ayons. Il n'y a pas d'autre liberté… » Jean Klein

*

« Au lieu de voir les choses comme vous les imaginez, apprenez à les voir comme elles sont. Quand vous pourrez voir chaque chose comme elle est, vous vous verrez également comme vous êtes. » Sri Nisargadatta Maharaj

*

« Décidez-vous toujours pour l'inconnu, indépendamment du risque et vous grandirez continuellement. » Osho

*

« Agissez pour le monde comme si vous deviez vivre mille ans, et pour l'autre comme si vous deviez mourir demain. » Mahomet

*

« Nous sommes libérés par ce que nous acceptons, mais nous sommes prisonniers de ce que nous refusons. » Swami Prâjnanpad

*

« Un chemin de mille kilomètres commence toujours par un pas. » Tao Te King

*

« Le bonheur, c'est de continuer à désirer ce qu'on possède. » Saint Augustin

*

« Lorsque nous voyons un arbre, une fleur, une personne, les voyons-nous réellement, ou voyons-nous l'image que le mot a créée ? » J. Krishnamurti

*

« Le plus grand voyageur n'est pas celui qui a fait dix fois le tour du monde, mais celui qui a fait une seule fois le tour de lui-même. » Gandhi

*

« La marche de l'homme ne peut s'accomplir que grâce à la contradiction de ses pieds, tous les contraires sont complémentaires. C'est la grande loi du dualisme. » Tradition orale peule

*

« À la recherche d'une rose au cœur de la forêt, on ne voit que l'absence de la rose et l'on oublie la beauté de la forêt. » Pensée indienne

LE MOT DE LA FIN

Comme tout un chacun, nous cherchons notre bonheur personnel à travers toutes sortes de pratiques et d'enseignements. Dans la panoplie « développement personnel et bien-être », nous nous sommes parfois adonnés à certaines activités : yoga, taï-chi, méditation, relaxation, thérapies cognitives, psychothérapie, sport... Ces pratiques nous ont sûrement menés vers un mieux-être, mais nous ont-elles mis sur les rails d'un véritable bien-être ? Pourtant, certaines d'entre elles ne nous demandent qu'une chose : être à l'écoute de notre ressenti. Et c'est sûrement là que tout réside.

Mais peut-être nous sommes-nous trompés sur la notion même de bonheur. Qu'est-ce que le bonheur ? Il y en a-t-il une ou plusieurs formes ? Est-ce une sorte d'assise sur laquelle nous pourrions nous asseoir confortablement, à l'abri de tout écueil ? Devons-nous tout faire pour éliminer toute entrave à notre bonheur ? Hélas, ce n'est pas sans compter sur le chaos de la vie, sur cette impermanence des choses qui nous terrifie tant. Tout ce qui est fait est appelé un jour à se défaire. Il ne peut en être autrement, alors autant ne pas trop s'y attacher ou s'y identifier. C'est pourquoi nous devrions peut-être changer notre fusil d'épaule, et plutôt que d'abattre tout ennemi pouvant nuire à notre bonheur, partir à la chasse aux croyances qui nous ont convaincus que celui-ci consiste à éviter ou rejeter les écueils qui jalonnent notre vie et à combler du mieux possible chacun de nos désirs.

La quête du bonheur ne se trouve pas non plus dans le jeu des comparaisons que l'on pratique avec nos pairs ni dans la construction d'empires, l'accumulation de richesses, ou même de savoirs. Il réside simplement dans un accord profond que l'on signe avec soi-même, en allant chercher la part la plus intacte à l'intérieur de nous.

Entre savoir et être, il y a tout un monde. Tâchons d'être tout simplement. Sachons prendre autant de plaisir à faire la vaisselle qu'à écouter une symphonie de Mozart ; à manier un balai qu'à faire un swing de golf. Le bonheur ne réside pas forcément dans les grandes réalisations, mais dans les tâches de tous les instants, dans le présent. C'est dans le quotidien que l'on sait si l'on est heureux. C'est davantage dans l'être que dans l'avoir que la joie doit résider.

Au lieu de courir sans cesse après tout et n'importe quoi, ne vaut-il pas mieux désirer ce que l'on a déjà ? Pourquoi n'arrivons-nous pas à nous contenter de ce que nous avons ou de ce que nous sommes à la minute même où l'on vit ?

Les sages bouddhistes prônent cette attitude. Prendre conscience du « cela », de notre seule présence et de tout ce qui s'offre à nous en ce moment. Rien que cela peut nous combler, là, tout de suite, sans que l'on ait à se projeter vers un hypothétique bonheur. Comment sommes-nous en cette minute même ? Comment nous sentons-nous ? Manque-t-il quelque chose ? Oublions notre mental, qui va forcément nous faire l'inventaire de tous nos manques, surtout les plus vénaux. Revenons à l'essentiel et reconnaissons que là, simplement, il ne manque rien ! Dans la plupart des cas nos besoins fondamentaux sont satisfaits. Notre corps fonctionne à merveille, nous respirons, nous n'avons ni trop froid ni trop chaud, notre ventre est plein. Alors, qu'attendons-nous pour vivre, vraiment vivre ?

Mais pour se sentir pleinement vivre, il faut savoir s'abandonner au simple courant de la vie. Cela peut paraître un peu naïf, mais lâcher prise est bien plus difficile que combattre, et c'est parfois le choix le plus courageux que l'on ait à faire. S'abandonner sans abandonner, là est toute la subtilité qui permet d'embrasser la vie, de la célébrer et d'en apprécier la gratuité, sans efforts ni pugnacité.

Comme disait Arnaud Desjardins : *« Il vaut mieux guérir de l'ego que de guérir l'ego. »* Être en quête de vérité est gratifiant, la trouver ne l'est plus, car elle est bien au-delà de toute flatterie de l'ego. Toute guérison passe par ce qui se présente à nous, là, maintenant, et dans notre façon de percevoir les choses. En somme, l'art de désirer et de se satisfaire de ce que l'on a déjà, car on a déjà tout à la seconde où l'on vit. Et c'est bien là que la difficulté commence, car notre mental ne comprend pas ce tour de passe-passe. Nous aurons beau avoir cinq limousines, trois manoirs, la reconnaissance de nos pairs et avoir fait dix fois le tour du monde, il nous demandera encore des comptes et nous amènera toujours à la même question : suis-je vraiment libre et comblé ? Tant qu'il aura aux commandes, il nous demandera sans cesse de remplir ce tonneau des Danaïdes qui fuit de toute part.

Nos pas nous mènent, non pas vers l'accomplissement, mais vers ce qui l'est déjà. La vie est formidablement simple, il suffit de se laisser porter par le courant et ne pas perdre son temps à tout vouloir maîtriser. Les décisions, les actes et tout ce qui relève du mental suivront alors tout naturellement. Quand nous aurons compris que le bonheur est d'une incroyable simplicité, alors, nous serons heureux.

Pour terminer cet ouvrage, je ne résiste pas à me référer au grand sage et philosophe indien Jiddu Krishnamurti, à travers cette jolie histoire :

Un maître religieux parlait tous les jours à ses disciples. Un matin où il se trouvait sur son estrade, s'apprêtant à parler, un petit oiseau se posa sur le rebord de la fenêtre et se mit à chanter de tout son cœur. Lorsqu'il se tut et qu'il s'envola, le maître dit : « *Le sermon de ce matin est terminé.* », J. Krishnamurti, *Se libérer du connu*)

TABLE DES MATIÈRES

8 ATTITUDES LIBÉRATRICES

QUELQUES SUJETS DE MÉDITATION

SCIENCE ET SPIRITUALITÉ

Dépôt légal : septembre 2024 - N° imprimeur : 082479581-01

Imprimé en France par Présence Graphique - Monts.